글 / 윤상석

성균관대학교를 졸업하고 출판사에서 편집자로 일했습니다. 어려운 정보를 어린이 독자들이 알기 쉽게 쓰고 그리는 작가로 활동 중입니다.
주요 작품으로 《Who》, 《와이즈만 첨단 과학》, 《Why》, 《한 컷 쏙》 시리즈, 《과학 쫌 알면 세상이 더 재밌어》, 《남극과 북극에도 식물이 있을까》, 《만화 통세계사》, 《최태성의 한능검 한국사》 등이 있으며, 사이언스타임즈의 객원 기자로 '만화로 푸는 과학 궁금증'을 연재했습니다

그림 / 박정섭

다양한 경험을 쌓다가 뒤늦게 그림 공부를 시작했습니다. 어릴 적에는 산만하다는 소리를 많이 들었습니다. 그래서 그런 줄 알고 살아왔지요. 하지만 시간이 흘러 뒤돌아보니 상상력의 크기가 산만 하단 걸 깨닫게 되었습니다. 이젠 그 상상력을 주위 사람들과 즐겁게 나누며 살고 싶습니다. 지금은 강원도 동해에서 지내고 있습니다.
그린 책으로 《검은 강아지》, 《그림책 쿠킹박스》, 《도둑을 잡아라》, 《놀자》, 《감기 걸린 물고기》, 《짝꿍》, 《싫어요 싫어요》, 《미래가 온다, 미래 식량》, 《숭민이의 일기(전10권)》 등이 있고, 쓰고 그린 시집으로 《똥시집》이 있습니다.

감수 / 기경량

가톨릭대학교 국사학과 교수이고, 한국 고대사(고구려사)를 전공했습니다. 고구려의 도성이라든지, 광개토왕비 같은 고대의 문자 자료들을 주로 연구했습니다. 다양한 역사적 시각과 지식을 사람들과 공유하는 것을 좋아합니다. TV나 인터넷 팟캐스트 방송 등에도 출연하곤 했습니다. 연구 논문과 학술서 외에도 《신라는 정말 삼국을 통일했을까?》, 《삼국시대 사람들은 어떻게 살았을까》, 《만인만색 역사공작단》, 《욕망 너머의 한국 고대사》 등 일반 시민과 학생들도 흥미를 가지고 읽을 수 있는 책들에 공저자로 참여했습니다.

초판 1쇄 발행 2024년 9월 30일 / 초판 2쇄 발행 2025년 4월 30일
글 윤상석 / 그림 박정섭 / 감수 기경량
펴낸이 홍석 / 이사 홍성우 / 편집부장 이정은 / 편집 조유진·노한나 / 기획·외주편집 임형진
디자인 양태종·김영주 / 외주디자인 권석연 / 마케팅 이송희·김민경 / 제작 홍보람 / 관리 최우리·정원경·조영행
펴낸곳 도서출판 풀빛 / 등록 1979년 3월 6일 제2021-000055호
제조국 대한민국 / 사용연령 8세 이상
주소 서울특별시 강서구 양천로 583 우림블루나인 A동 21층 2110호
전화 02-363-5995(영업) 02-362-8900(편집) / 팩스 070-4275-0445
전자우편 kids@pulbit.co.kr / 홈페이지 www.pulbit.co.kr
블로그 blog.naver.com/pulbitbooks / 인스타그램 instagram.com/pulbitkids

ⓒ 윤상석 박정섭 임형진, 2024
ISBN 979-11-6172-668-7 74910 979-11-6172-665-6 74080 (세트)

책값은 뒤표지에 표시되어 있습니다.
파본이나 잘못된 책은 구입하신 곳에서 바꿔드립니다.
종이에 베이거나 긁히지 않도록 조심하세요. 책 모서리가 날카로우니 던지거나 떨어뜨리지 마세요.

한 컷마다 역사가 바뀐다

한 컷 속

한 국 사

윤상석 글 × 박정섭 그림 × 기경량 감수

풀빛

프롤로그

'우리 땅에는 언제부터 사람이 살았을까?'

남아 있는 유물이나 유적으로 추측해 보면, 우리 땅에는 약 70만 년 전부터 사람이 살았다고 해. 기원전 2333년, 고조선이라는 나라가 세워지면서 본격적으로 우리 땅에서의 역사가 시작되지.

5000년의 우리 역사 속에는 참 많은 사건이 있었어. 삼국으로 나뉘어 서로 다투기도 하고, 중국이나 일본으로부터 수많은 침략을 당하기도 했지. 한글이 만들어지는 기쁜 일도 있었고, 나라를 빼앗기는 고통도 있었어. 우리 민족은 이런 여러 사건을 겪으면서 지금의 모습이 된 거야.

지금의 모습을 제대로 이해하려면 우리 역사를 알아야 해. 이 책에서는 우리 민족이 겪었던 여러 사건 중에서 매우 중요한 사건 60가지만을 골라냈어. 사건을 따라가다 보면, 자연스럽게 우리 역사의 흐름을 알 수 있고, 수천 년 역사 속에서 수많은 어려움을 슬기롭게 극복한 우리 조상들의 지혜를 엿볼 수 있지.

우리 역사를 이끌어 온 중요한 사건들은 어떤 것이 있을까?

차례

01 　한반도의 선사 시대　**한반도에 사람이 살기 시작하다**　010

02 　단군, 고조선을 세우다　**한반도에 최초의 나라가 세워지다**　012

03 　고조선의 멸망　**우리 역사의 첫 나라, 고조선이 무너지다**　014

04 　고구려의 건국　**알에서 태어난 주몽이 세운 나라**　016

05 　백제의 건국　**아버지를 떠나 새로운 나라를 세우다**　018

06 　신라의 건국　**박, 석, 김씨가 번갈아 왕이 되는 나라**　020

07 　가야의 건국　**거북아, 머리를 내밀어라. 나라를 세워 줄게**　022

08 　백제의 전성기를 이끈 근초고왕　**가장 먼저 앞서 나간 백제**　024

09 　광개토 대왕의 영토 확장　**우리 역사상 가장 큰 영토를 정복한 대왕**　026

10 　백제와 신라의 동맹, 그리고 신라의 배신　**신라, 한강의 주인이 되다**　028

11 　을지문덕의 살수 대첩　**고구려, 중국을 통일한 수나라를 제압하다**　030

12 　고구려와 당나라의 안시성 전투　**당나라 대군을 끝까지 막은 안시성**　032

13 　황산벌 전투와 백제의 멸망　**백제, 계백 결사대의 패배로 끝나다**　034

14 　고구려의 멸망　**내부 분열로 어이없이 무너진 고구려**　036

15 　신라와 당나라의 전쟁　**우리 역사 최초의 통일을 이룬 신라**　038

| 16 | 대조영의 발해 건국 | **고구려인 대조영이 새 나라 발해를 세우다** 040
| 17 | 불교문화를 꽃피운 통일 신라 | **불교를 통해 보는 통일 신라의 발달된 문화** 042
| 18 | 기울어 가는 통일 신라 | **통일 신라, 내리막길을 걷다** 044
| 19 | 후삼국 시대 | **다시 삼국 시대가 열리다** 046
| 20 | 고려의 후삼국 통일 | **고려 왕건, 후삼국을 통일하다** 048
| 21 | 광종의 왕권 강화 | **왕에게 힘을 준 노비안검법과 과거 제도** 050
| 22 | 거란의 침입과 귀주 대첩 | **고려, 거란의 세 차례 침입을 모두 물리치다** 052
| 23 | 서경 천도 운동과 묘청의 난 | **고려의 수도를 옮길까 말까?** 054
| 24 | 무신 정권 수립 | **무신들이 고려를 다스리다** 056
| 25 | 몽골과 전쟁 | **몽골군에 맞선 백성, 강화도에 숨은 정권** 058
| 26 | 삼별초의 저항 | **삼별초, 몽골군에 맞서 싸우다** 060
| 27 | 공민왕의 개혁 정책 | **원나라를 버리고 개혁 정책을 펴다** 062
| 28 | 위화도 회군 | **위화도에서 군사를 돌려 권력을 잡다** 064
| 29 | 고려의 멸망과 조선의 건국 | **이성계, 새 나라 조선을 세우다** 066
| 30 | 왕자의 난과 왕권 강화 | **태종, 왕권을 강화하고 나라의 기틀을 잡다** 068

31	세종의 한글 창제	우리 역사에서 가장 위대한 업적, 한글을 만든 세종	070
32	세조와 성종의 제도 정비	조선 최고의 법전이 탄생하다	072
33	사화의 발생	훈구 세력과 사림 세력이 충돌하다	074
34	임진왜란의 시작	일본이 조선을 침략하다	076
35	임진왜란의 결말	군인과 백성이 힘을 합쳐 일본군을 물리치다	078
36	병자호란과 삼전도의 굴욕	의리를 지키려다 굴욕적인 항복을 한 조선	080
37	대동법 실시	전쟁에 지친 백성의 세금 부담을 줄이다	082
38	붕당 정치와 탕평책	과열된 붕당 정치를 진정시키려는 탕평책	084
39	세도 정치	세도 정치에 나라가 무너지기 시작하다	086
40	흥선 대원군의 집권	흥선 대원군, 개혁 정책을 폈지만	088
41	천주교 박해와 쇄국 정책	나라 문을 굳게 닫고 서양 세력을 물리치다	090
42	강화도 조약	일본과 불평등한 조약을 맺고 나라 문을 열다	092
43	임오군란	구식 군대의 군인들이 반란을 일으키다	094
44	갑신정변	급진 개혁파가 정변을 일으키다	096
45	동학 농민 운동	탐관오리에 맞서 봉기를 일으킨 동학교도와 농민들	098

| 46 | 청일 전쟁과 갑오개혁 | **갑오개혁으로 근대 국가의 기초를 세우다** 100
| 47 | 을미사변과 아관 파천 | **왕비는 살해되고 왕은 피신하다** 102
| 48 | 대한 제국 | **황제의 나라를 세우고 개혁을 펼치다** 104
| 49 | 러일 전쟁과 을사늑약 | **대한 제국, 외교권을 빼앗기다** 106
| 50 | 항일 의병 운동과 한일 병합 조약 | **의병이 일본에 맞서 싸웠지만, 결국 식민지가 되다** 108
| 51 | 3·1 운동 | **일본에 맞서 전 국민이 독립 만세를 외치다** 110
| 52 | 대한민국 임시 정부 | **독립의 의지를 하나로 모으다** 112
| 53 | 봉오동 전투와 청산리 전투 | **독립군 역사상 가장 큰 승리, 청산리 전투** 114
| 54 | 8·15 해방과 남북 분단 | **해방이 되었지만, 나라가 쪼개지다** 116
| 55 | 6·25 전쟁 | **우리 민족에 큰 상처를 남긴 6·25 전쟁** 118
| 56 | 이승만 정부와 4·19 혁명 | **학생과 시민이 힘을 모아 독재 정권을 무너뜨리다** 120
| 57 | 5·16 군사 정변과 한강의 기적 | **군인들이 권력을 잡고 경제를 발전시키다** 122
| 58 | 경제 발전의 명암과 유신 헌법 | **경제는 성장했지만 독재 정치가 심해지다** 124
| 59 | 신군부의 등장과 5·18 민주화 운동 | **군인들이 다시 나라를 다스리다** 126
| 60 | 6월 민주 항쟁 | **국민의 힘으로 민주주의를 이루다** 128

01 한반도의 선사 시대

한반도에 사람이 살기 시작하다

　인류 역사는 선사 시대와 역사 시대로 구분해. 선사 시대는 문자가 없어 역사를 기록하지 못하던 시대이고, 역사 시대는 문자가 있어 역사를 기록할 수 있던 시대야. 선사 시대가 어떤 모습이었는지는 남아 있는 유물이나 유적을 통해 추측할 수밖에 없어. 선사 시대는 사용한 도구에 따라 구분해. 돌을 쪼개고 떼어 내서 만든 도구를 주로 사용했던 때를 구석기 시대, 돌을 갈아서 만든 도구를 주로 사용했던 때를 신석기 시대라고 해. 구리와 주석으로 만든 금속을 사용한 청동기 시대도 있어.

　한반도에 인류가 살기 시작한 때는 구석기 시대인 약 70만 년 전부터야. 이때 사람들은 무리 지어 사냥하고 식물의 열매나 뿌리를 찾아 먹었어.

　신석기 시대는 약 1만 년 전에 시작했어. 이때 사람들은 한곳에 머물며 가축을 키우며 농사를 짓고, 음식과 곡식을 보관할 그릇을 만들었어.

　한반도의 청동기 시대는 기원전 2000~기원전 1500년 무렵에 시작됐어. 사람들은 청동을 이용해 칼, 거울 등 여러 도구를 만들었어. 농업의 발달로 남은 곡식을 나누는 문제가 생기면서 부자와 빈자가 생겼고, 재산이 많고 힘 있는 사람이 지도자가 되면서 사람들 사이에서 계급이 생겼어. 다른 마을과 전쟁도 자주 벌였는데, 전쟁에서 이긴 마을은 더 큰 마을로 성장했지.

02 단군, 고조선을 세우다

한반도에 최초의 나라가 세워지다

하늘나라 왕인 환인의 아들 환웅은 인간 세상을 다스리려고, 태백산 꼭대기의 신단수 아래에 내려왔지. 그는 바람, 비, 구름을 다스리는 자들을 거느리고 곡식, 목숨, 질병, 형벌, 선악 등 인간의 360여 가지 일을 주관하며 세상을 다스렸어. 이때 곰 한 마리와 호랑이 한 마리가 같은 굴에 살면서 환웅에게 사람이 되게 해 달라고 빌었어. 환웅은 마늘과 쑥을 주면서 말했어.

"너희는 이것을 먹고 100일 동안 햇빛을 보지 않으면 사람이 될 거야."

참을성 없는 호랑이는 굴을 뛰쳐나가 사람이 되지 못했지만, 곰은 잘 견뎌 내고 여자인 웅녀가 되었어. 웅녀는 매일 신단수 아래에서 아기를 갖게 해 달라고 빌었어. 환웅은 잠시 사람으로 변해서 웅녀와 혼인했고, 웅녀는 아들을 낳았지. 바로 단군왕검이야. 단군왕검은 평양성에 도읍을 정하고 조선이라는 나라를 세웠어. 이후에 도읍을 백악산 아사달로 옮기고 1500년 동안 나라를 다스렸어.

이 이야기는 고려 시대의 승려 일연이 지은, 《삼국유사》에 실린 우리 역사의 첫 나라인 고조선의 건국 신화야. 신화는 역사가 아니지만, 신화 속에서 역사를 엿볼 수 있어. 학자들은 이 이야기가 하늘 신의 자손이라고 주장하는 부족이 곰을 상징하는 부족과 연합해 나라를 세웠음을 알려 준다고 주장하기도 해.

03 고조선의 멸망

우리 역사의 첫 나라, 고조선이 무너지다

　　고조선은 중국 요동령 지역과 한반도 서북부의 평양 일대를 중심으로 발전했어. 그런데 기원전 194년 무렵, 중국에서 위만이 1,000여 명의 무리를 이끌고 넘어왔어. 고조선 왕은 위만에게 서쪽 국경을 지키게 했는데, 위만은 무리를 모아 왕을 내쫓고 고조선 왕이 되었지.

　　세월이 흘러 위만의 손자인 우거왕이 고조선을 다스릴 때였어. 고조선 옆에는 중국을 통일한 한나라가 강력한 나라로 성장했지. 우거왕은 한나라에 조금도 굽히지 않았어.

　　"한나라에 굴복하지 않으려면 한나라와 맞서고 있는 흉노라는 북쪽 유목 민족과 손잡아야 해."

　　고조선이 흉노와 손을 잡자 한나라는 기원전 109년, 고조선을 공격했어. 산동 반도에서 한나라 수군을 태운 배들이 지금의 평양인 왕검성으로 향했고, 한나라 육군 5만 명도 요동 반도를 지나 왕검성으로 향했지. 한나라군은 곧 왕검성을 포위했어. 고조선 사람들은 힘을 합쳐 한나라군을 막아 냈지. 하지만 시간이 지나면서 고조선 사람들은 지쳐 갔고 항복하려는 자들도 생겼어. ==결국 기원전 108년, 왕검성은 한나라군에 함락되었지. 이렇게 우리 역사의 첫 나라인 고조선은 멸망하고 말아.==

04 고구려의 건국
알에서 태어난 주몽이 세운 나라

　　고조선이 멸망하기 전에 그 주변에는 하나둘 새로운 나라들이 세워졌어. 북만주 송화강 유역 넓은 평야 지역에는 부여라는 나라가 있었는데, 고조선 다음의 큰 나라로 발전했지. 고조선이 멸망한 후 기원전 1세기경, 부여에는 주몽이란 사람이 있었어.

　　고려 시대의 역사책 《삼국사기》에는 주몽에 관한 신비로운 이야기가 실려 있어. 그의 어머니는 강의 신 하백의 딸인 유화였대. 어느 날 유화가 강가에서 놀다가 하늘 신의 아들인 해모수와 만나 사랑에 빠졌는데, 해모수가 유화를 버리고 도망가 버리자 화가 난 하백은 유화를 쫓아냈지. 유화는 부여의 금와왕을 만나 궁궐에서 살게 되었어. 그러던 어느 날 햇빛이 유화를 비춰 임신을 했는데, 알을 낳은 거야. 금와왕은 놀라서 알을 버렸지만, 동물들이 소중히 여기는 것을 보고 알을 유화에게 돌려주었어. 그 알에서 태어난 아이가 바로 주몽이야.

　　주몽은 외모가 빼어나고 용맹했어. 부여 말로 '활을 잘 쏜다'는 의미로 주몽이라고 불렸지. 주몽은 금와왕의 일곱 왕자와 함께 자랐는데, 그 왕자들이 주몽을 질투하여 죽이려 했어. 그래서 주몽은 친구 셋과 함께 부여를 떠났지. 주몽 일행은 지금의 중국 환인 지역인 졸본 땅에 도착해 도읍을 정하고 나라를 세웠는데, 이 나라가 바로 고구려야.

05 백제의 건국

아버지를 떠나
새로운 나라를 세우다

고구려를 세운 주몽은 졸본에서 소서노라는 여인과 결혼해 비류와 온조, 두 아들을 두었어. 사실 주몽은 부여에 있을 때 이미 다른 여자와 결혼했고, 그 여자의 뱃속에는 유리라는 아들이 있었어. 주몽은 그 아들을 두고 부여를 떠났던 거야.

어느 날, 유리는 아버지를 찾아 고구려로 왔어. 주몽은 유리를 자신의 왕위를 이를 태자로 삼았지. 비류와 온조는 유리가 두려웠어.

'유리 형이 왕이 되면 우리 앞날이 어떻게 될지 몰라. 우리가 독립해서 새로운 나라를 세우는 게 좋겠어.'

비류와 온조는 10명의 신하와 함께 남쪽으로 향했어. 많은 백성이 그들을 따랐지. 그들은 남쪽으로 내려가 북한산에 도착했어. 신하들은 주변에서 나라를 세울 만한 곳을 찾았고, 한강 남쪽 땅에 아주 좋은 곳을 발견했지.

==기원전 18년, 온조는 신하들의 뜻을 따라 한강 남쪽 위례에 도읍을 정하고 십제라는 나라를 세웠어.== 하지만 비류는 신하들의 의견을 무시하고 지금의 인천 지역인 미추홀에 도읍을 정하고 나라를 세웠어. 그런데 미추홀은 농사짓기에 좋은 땅이 아니었지. 비류는 자신의 선택을 후회하다 세상을 떠났고, 그의 신하와 백성은 온조가 세운 십제에 합류했어. 그 후 온조는 나라 이름을 백제라 고쳤지. 이는 《삼국사기》에 전해 오는 백제의 건국 신화야.

06 신라의 건국

박, 석, 김씨가 번갈아 왕이 되는 나라

고구려와 백제가 세워질 무렵, 지금의 경상도 지역에는 작은 나라들이 있었어. 그중 경주 지역에는 사로국이 있었는데, 이 나라가 어떻게 시작되었는지 역사책에 이렇게 전해 내려와.

경주 땅에는 여섯 마을이 있었어. 여섯 마을 촌장들이 높은 곳에 올라가 남쪽 양산 기슭을 바라보니 나정이라는 우물 옆 숲에서 말이 무릎을 꿇고 앉아 울고 있었지. 촌장들이 그곳으로 가 보니 말은 사라지고 큰 알만 있었는데 그 알에서 남자아기가 나온 거야. 여섯 마을 사람들은 그 아기를 '혁거세'라 이름 짓고 데려다 키웠지. 사람들은 혁거세가 13세가 되자 왕으로 삼고 나라를 세웠어. 또 태어난 알이 박과 같다 하여 혁거세의 성을 '박'이라고 지었지. 이름이 박혁거세가 된 거야.

사로국은 나중에 신라라는 큰 나라로 발전해. 신라는 박씨와 더불어 석씨, 김씨가 번갈아 가며 왕이 되었어. 석씨의 시조는 석탈해인데, 그도 알에서 태어났대. 김씨의 시조는 김알지인데, 그는 계림이라는 숲속 나무에 걸려 있는 황금 상자에서 나왔지.

이러한 신화를 볼 때, 신라는 여러 집단이 모여서 세운 나라임을 알 수 있어. 힘이 비슷한 박씨, 석씨, 김씨 세력이 중심이 되었고, 이 세력들이 돌아가면서 지배자가 된 거야.

07 가야의 건국

거북아, 머리를 내밀어라. 나라를 세워 줄게

경주에서 사로국이 무럭무럭 크고 있을 무렵, 낙동강 서쪽 지역에도 여러 개의 작은 나라들이 성장하고 있었어. 그중 대표가 되었던 나라를 가야라고 하지. 가야가 세워진 신화가 역사책에 기록되어 있어. 가야 땅에 촌장이 다스리는 아홉 마을만 있을 때였어. 어느 날 구지봉이라는 작은 봉우리에서 이상한 소리가 들려왔지.

"봉우리 위에 흙을 파면서 '거북아, 머리를 내밀어라. 내밀지 않으면 구워 먹겠다'라고 노래를 부르고 춤을 추어라. 그러면 곧 왕을 맞이할 것이다."

시키는 대로 하자 하늘에서 붉은 보자기에 싸인 황금 상자가 자주색 줄에 매달려 내려왔지. 안에는 황금빛 알 6개가 들어 있었어. 이 알들에서 여섯 아이가 태어나고, 보름 만에 어른이 되었지. ==사람들은 가장 먼저 태어난 아이에게 김수로라는 이름을 지어 주며 왕으로 모시고, 나라 이름을 가야라 했어. 나머지 아이들도 각자 여러 작은 나라의 왕이 되었다고 해.==

김수로를 왕으로 모신 가야를 금관가야라고도 하는데, 지금의 김해 지역에 있었어. 가야 사람들은 철을 만드는 기술이 좋았어. 가야는 주변 나라에 철을 팔아서 부유해질 수 있었지. ==하지만 가야를 구성하고 있던 여러 작은 나라들은 하나의 커다란 나라로 통합되지는 않았어. 훗날 강성한 나라로 성장한 신라에 흡수되었지.==

> 08 백제의 전성기를 이끈 근초고왕

가장 먼저 앞서 나간 백제

한반도에서 고구려, 백제, 신라가 큰 나라로 성장하면서 서로 경쟁하기 시작했어. 세 나라 중 가장 먼저 두각을 나타낸 나라는 백제야. 특히 4세기, 근초고왕 때 백제는 전성기를 누렸지.

371년, 백제 근초고왕은 3만 명의 군사를 이끌고 평양성을 공격했어. 고구려 고국원왕은 백제군의 공격에 맞서 직접 군사를 지휘하며 평양성을 지켰어. 그러다가 화살에 맞고 말았지. 백제군은 물러났지만, 고국원왕은 상처가 깊어져 목숨을 잃었어. 백제는 고구려 수도를 공격하여 왕을 죽일 정도로 강력한 국력을 가졌던 거야.

근초고왕은 나라 영토를 크게 넓혔어. 남쪽으로는 전라도 지역을 차지하고 북쪽으로는 황해도 지역까지 영토를 넓혔지. 백제 역사상 가장 넓은 영토였어. 또 바다 건너 다른 나라와 적극적으로 교류했지. 중국과 교류하며 발달한 문물을 받아들였고, 지금의 일본인 왜나라에 사람을 보내 문화와 학문의 발달을 도왔어. 아직기와 왕인이라는 백제 학자가 왜로 건너가 왜의 왕자를 가르쳤다고 해.

09 광개토 대왕의 영토 확장

우리 역사상 가장 큰 영토를 정복한 대왕

391년, 고구려에는 18세의 왕이 등장했는데, 바로 광개토 대왕이야. 그 무렵에 고구려 주변은 상황이 좋지 않았어. 서쪽 요동 지방은 후연이 차지했고, 서북쪽은 거란이 세력을 키우며 고구려를 수시로 약탈했지. 동북쪽은 동부여와 숙신이 자리 잡았고, 남쪽은 백제가 세력을 떨치고 있었어. 고구려는 불교를 받아들이고 나라의 법령을 세우는 등 힘을 차근차근 키우고 있었어.

"나의 할아버지 고국원왕을 죽인 백제와 우리 백성들을 약탈해 온 거란을 가만둘 수 없어!"

광개토 대왕은 왕이 된 지 두 달 만에 직접 군대를 이끌고 백제를 공격, 임진강 이북 지역을 차지했어. 두 달 후에는 북쪽의 거란을 공격하여 점령했지. 396년에는 백제 수도인 한성을 공격, 백제 왕의 항복을 받아 냈어. 400년에는 신라에 쳐들어온 왜구를 몰아내어 한반도 남쪽에도 세력을 떨쳤어.

"후연은 나의 할아버지 때 침략해 와서, 수도까지 점령했던 나라의 후손들이야. 원수를 갚아야 해!"

402년에는 서쪽의 후연을 공격해 요동 지방을 완전히 점령했고, 동북쪽의 동부여와 숙신을 공격해 점령했지. 고구려는 북으로 만주 흑룡강, 남으로 임진강, 동으로 연해주, 서로는 요하에 이르는 거대한 땅을 차지한 동북아 최강의 나라가 되었어.

10 백제와 신라의 동맹, 그리고 신라의 배신

신라, 한강의 주인이 되다

광개토 대왕에 이어 고구려의 왕이 된 장수왕은 관심을 남쪽으로 돌렸어. 수도를 남쪽인 평양으로 옮기기까지 했어. 고구려를 늘 두려워하던 백제는 다급해져서, 신라와 손을 잡았지. 신라도 고구려의 간섭을 받기 싫었거든. 하지만 475년, 고구려는 백제를 침입해 수도인 한성을 점령하고 개로왕을 죽였어. 백제는 어쩔 수 없이 수도를 웅진으로 옮겼지. 538년, 백제 성왕은 수도를 지금의 부여로 옮기고 고구려에게 빼앗긴 한강 지역을 되찾으려 노력했어. 이때 신라는 진흥왕이 다스리고 있었지. 진흥왕은 청소년 교육 제도인 화랑도를 통해 인재를 키우는 등 나라의 힘을 기르고 있었어.

마침내 551년, 백제의 성왕과 신라의 진흥왕은 손잡고 함께 고구려를 공격했지. 백제와 신라 연합군은 고구려군을 물리치고 한강 지역을 차지하는 데 성공했어. 한강 상류 땅은 신라, 하류 땅은 백제가 나눠 가진 거야. 그런데 진흥왕은 마음이 바뀌었지.

"서해를 거쳐 중국과 직접 통할 수 있는 한강 하류 지역을 차지해야 신라가 더욱 발전할 수 있어."

신라는 백제를 배신하고 한강 하류 지역을 기습 공격하여 빼앗았어. 분노한 백제 성왕은 반격했지만 패하고 목숨을 잃고 말았지. 백제와 신라의 동맹은 깨졌고, 신라는 한강의 주인이 되면서 국력이 크게 키울 수 있었어.

11 을지문덕의 살수 대첩

고구려, 중국을 통일한 수나라를 제압하다

삼국이 한강을 차지하려 경쟁할 때, 중국도 여러 나라로 나뉘어 서로 경쟁했어. 그러던 중 수나라가 중국을 통일했지. 중국을 차지한 수나라는 이제 고구려를 호시탐탐 노렸어. 598년, 수나라 황제 문제는 군대를 보내 고구려를 침공했는데, 태풍과 전염병 때문에 고구려 땅도 밟지 못하고 실패했어.

뒤를 이은 수나라 황제 양제도 마찬가지였어. ==612년, 113만 명의 대군을 이끌고 고구려를 공격한 거야.== 요동성은 성문을 굳게 닫고 공격을 막아 냈지. 아무리 공격해도 요동성을 점령할 수 없었어. 초조해진 양제는 30만 명의 군대를 평양으로 진격하게 했고, 이에 맞선 고구려군 지휘관은 을지문덕이었지. 고구려군은 수나라군에 쫓겨 도망가는 척했어. 수나라군은 고구려군을 뒤쫓아 지금의 청천강인 살수를 건너 고구려 땅 깊숙이 들어왔지. 수나라군은 식량이 부족했는데, 을지문덕은 이 약점을 알고 있었던 거야. 수나라군은 어쩔 수 없이 되돌아갈 수밖에 없었어.

==이때 을지문덕은 총공격을 명령했어. 고구려군이 살수를 건너고 있던 수나라군의 뒤를 공격하는 바람에 수나라군은 크게 패했어.== 고구려군의 대승이었어. 살수를 건너 살아 돌아간 수나라 병사는 얼마 되지 않았어. 수나라군은 고구려에서 철수할 수밖에 없었지. 그 후 수나라는 두 차례 더 고구려를 침공했는데 모두 실패했어.

12 고구려와 당나라의 안시성 전투

당나라 대군을 끝까지 막은 안시성

중국 수나라는 고구려와 전쟁을 치른 지 얼마 후 멸망했어. 그다음 중국을 지배한 나라는 당나라야. 당나라도 수나라와 마찬가지로 고구려를 호시탐탐 노렸지. 이때 고구려는 연개소문이 왕 대신 모든 권력을 쥐고 있었는데, 그는 당나라의 속셈을 알고 새로 성을 쌓는 등 전쟁을 준비했어.

==645년, 당나라 황제인 태종은 직접 군대를 이끌고 고구려를 침입했어.== 당나라군은 고구려 성 몇 개를 점령하고 요동성까지 무너뜨렸지. 그 기세를 몰아 요동성 남쪽 안시성을 포위했는데, 요동의 방어선이 모두 무너지는 위험한 상황이었지.

당나라군은 안시성을 맹렬하게 공격했어. 하지만 안시성 성주의 지휘 아래, 군사와 백성들이 힘을 합쳐 끈질기게 막아 냈지. 그러자 당나라는 성 바로 앞에 흙으로 산을 쌓아 성을 내려다보면서 공격하거나, 땅굴을 파는 등 온갖 방법을 동원했어. 하지만 고구려 군사와 백성들은 안시성을 끝까지 지켜 냈지. 겨울이 다가오고 식량이 부족해지자 당나라군은 더 버틸 수가 없었고, 아무것도 얻지 못한 채 자기 나라로 돌아가야 했어. ==이렇게 해서 고구려는 수나라에 이어 당나라까지 중국의 침입으로부터 한반도를 지켜 냈어.== 만약 고구려가 패했더라면 한반도는 중국 땅이 되었을지도 몰라.

13 황산벌 전투와 백제의 멸망

백제, 계백 결사대의 패배로 끝나다

고구려가 수나라와 당나라의 침공을 막는 동안 한반도 남쪽에선 백제와 신라가 서로 싸우고 있었어. 642년, 백제는 신라를 공격해 수십 개의 성을 빼앗고, 지금의 경남 합천인 대야성까지 점령했지. 신라는 위협을 느끼고 당나라 태종에게 도움을 청했어. 두 나라는 백제와 고구려를 멸망시키고 대동강 남쪽은 신라가, 대동강 북쪽은 당나라가 차지하기로 약속했지.

한편 백제 의자왕은 신라에게 계속 이기자 마음이 해이해졌어. 적의 침공을 미리 대비해야 한다는 신하의 말을 듣지 않았지. 660년, 당나라군 13만 명이 바다를 건너 백제로 쳐들어왔고, 신라군 5만 명도 백제의 수도인 사비성으로 향했어. 백제는 어찌해야 할지 몰라 우왕좌왕했어. 그러는 사이에 신라군은 황산벌까지 쳐들어왔지.

의자왕은 계백에게 5,000명의 결사대를 이끌고 가서 신라군을 막게 했어. 황산벌에 도착한 계백의 결사대는 병력이 10배나 차이가 났지만 죽기를 각오하고 싸워 4번의 전투를 모두 승리로 이끌었어. 그러자 신라의 나이 어린 화랑 관창이 백제 진영으로 뛰어들어 싸우다가 장렬하게 전사했지. 이 모습을 본 신라군은 사기가 크게 올라 백제군을 맹렬히 공격했어. 백제군은 용감히 맞서 싸웠지만 군사 수에서 밀려 패하고, 계백은 목숨을 잃었지. 결국 신라와 당나라 연합군은 사비성을 점령하고, 백제는 멸망하고 말아.

(14) 고구려의 멸망

내부 분열로 어이없이 무너진 고구려

신라와 함께 백제를 무너뜨린 당나라는 곧바로 고구려를 공격했어. 당나라는 이제 북쪽에서 고구려를 공격할 뿐만 아니라 신라의 도움을 받아 남쪽에서도 공격할 수 있었지. 이런 불리한 상황이었지만 고구려도 만만치 않았어. 왕 대신 고구려를 통치하던 연개소문의 고구려군은 당나라군을 물리쳤지. 여전히 막강한 고구려군에 놀란 당나라는 한동안 공격을 멈췄어.

그러던 중 665년, 연개소문이 세상을 떠났어. 그러자 연개소문의 세 아들이 서로 권력을 차지하기 위해 다퉜지. 맏아들인 연남생은 권력 다툼에서 동생들에게 밀리자 당나라로 도망쳤어. 연개소문의 동생인 연정토도 신라에 항복했지. 강력한 지도자가 죽자 고구려는 이렇게 망가지기 시작한 거야. 이를 본 당나라는 667년, 고구려를 다시 공격했어. 연남생의 안내를 받는 당나라군은 고구려의 성들을 차례로 점령했지. 신라군도 남쪽에서 고구려를 침공했어.

마침내 668년, 신라와 당나라 연합군은 평양성을 포위했어. 평양성 안의 고구려 병사와 백성들은 1개월을 넘게 버텼지만 거기까지였지. 고구려의 보장왕은 항복했어. 한때 동북아 최강의 나라였던 고구려는 이렇게 지도층의 권력 다툼과 내분으로 어이없이 무너진 거야.

15 신라와 당나라의 전쟁

우리 역사 최초의 통일을 이룬 신라

백제와 고구려가 멸망한 후, 당나라는 신라가 대동강 남쪽을 차지하기로 했던 약속을 무시했어. 한반도를 통째로 삼키려는 속셈을 드러낸 거야. 신라까지 넘보면서 신라를 속국처럼 취급했거든. 신라의 문무왕은 가만있지 않았어.

"더 이상 참을 수 없어! 당나라를 몰아내야 해!"

신라와 당나라가 전쟁을 시작한 거야. 이때 옛 고구려 땅에는 고구려를 다시 세우려 당나라와 싸우는 사람들이 있었는데, 이들을 고구려 부흥군이라고 해. 신라는 이들과 손을 잡았지. 어제의 적이 이제 친구가 된 거야. 하지만 고구려 부흥군은 당나라군에 패했고 점차 신라에 흡수되었지. 신라는 포기하지 않았어. 신라군은 675년, 지금의 경기도 연천인 매소성에서 당나라 20만 대군을 크게 무찔렀고, 다음 해인 676년, 기벌포에서 당나라 수군을 크게 물리쳤어. 그 후 당나라는 신라와 더 이상 싸우지 않고 대동강 남쪽을 포기했지. 이렇게 해서 신라는 당나라와 전쟁에서 승리하고 우리 역사상 처음으로 나라를 통일했어. 원래 고구려, 백제, 신라는 서로 같은 민족이라고 생각하지 않았대. 그런데 삼국이 서로 경쟁하고 신라가 당나라와 전쟁을 거치면서 같은 민족이라는 생각이 생겼고, 신라가 삼국을 통일하면서 그 생각이 자리 잡은 거야.

16 대조영의 발해 건국

고구려인 대조영이
새 나라 발해를 세우다

고구려 멸망 후, 당나라는 많은 고구려인을 자기 나라로 끌고 가 여기저기 흩어져 살게 했어. 옛 고구려 장군이었던 걸걸중상과 그의 아들 대조영도 이때 끌려와 요서 지방의 영주라는 곳에 살았지. 영주에는 끌려온 고구려인이 많았지만, 마찬가지로 끌려온 말갈족과 거란족도 많았어.

그런데 영주의 당나라 관리는 고구려인과 말갈족, 거란족을 심하게 괴롭혔어. 이를 참지 못한 거란족은 반란을 일으켰지. 이 틈을 타서 걸걸중상이 이끄는 고구려인과 걸사비우가 이끄는 말갈족은 반란을 일으키고 영주를 탈출해 옛 고구려 땅으로 향했어. 이들은 당나라군의 추격을 피해 동쪽으로 이동했지. 그 과정에서 걸걸중상과 걸사비우는 목숨을 잃었고, 대조영이 고구려인과 말갈족을 이끌게 되었어.

대조영 일행은 천문령 고개에서 당나라군을 무찔렀고, 그들은 더 이상 뒤쫓을 수 없었지. 698년, 대조영 일행은 동모산 기슭에 자리 잡고 나라를 세웠어. 그 나라가 바로 발해야.

발해는 당나라에 맞서 고구려의 옛 영토를 되찾으려 했어. 고구려인이 새 나라를 세웠다는 소식이 널리 퍼지면서 옛 고구려인들이 하나둘 발해로 모여들었지. 발해는 빠르게 국력을 키우고 영토를 넓혀 옛 고구려 땅의 대부분을 차지하게 되었어.

> 17　불교문화를 꽃피운 통일 신라

불교를 통해 보는 통일 신라의 발달된 문화

　불교는 고구려 소수림왕 때 중국에서 우리나라로 처음 전해졌어. 백제도 중국에서 불교를 받아들였고, 신라는 가장 늦게 고구려를 통해 불교를 받아들였지. ==백성들이 불교를 믿으면 왕권을 강화하는 데 유리했기 때문에 받아들인 거야. 그 후 삼국은 모두 불교문화를 꽃피웠지.==

　삼국을 통일한 신라에서도 문화의 중심에는 불교가 있었어. 통일 신라의 불교문화를 엿볼 수 있는 대표적인 유물로 불국사와 석굴암이 있지. 불국사는 '부처의 나라'라는 뜻이야. 부처님이 있는 극락정토를 상상하면서 지은 절이라고 할 수 있지. 불국사는 김대성이 751년에 짓기 시작해서 30여 년 만에 완성되었다고 해. 석굴암도 751년에 김대성이 만들었다고 전해져. 석굴암은 360여 개의 돌을 차곡차곡 쌓아서 천장을 둥글게 만든 인공 석굴이야. 천장을 둥글게 만들려면 돌의 크기와 위치가 아주 정확해야 해. 통일 신라의 발달된 건축 기술을 엿볼 수 있어.

　이 외에도 절에서 사용하는 범종 중 가장 큰 성덕대왕신종이 전해 와. 771년에 만들어진 이 종의 정교함과 특별한 소리는 오늘날 주조 기술로도 흉내 내기 어렵다고 해. 《무구정광대다라니경》이라는 불교 경전의 인쇄물도 전해 오는데, 세계에서 가장 오래된 인쇄물로 인정받고 있어.

18. 기울어 가는 통일 신라

통일 신라, 내리막길을 걷다

삼국을 통일한 신라는 제도를 정비하고 고구려, 백제 사람들과 그 문화를 받아들였어. 중국 당나라와도 활발하게 교류하면서 발달된 문화를 받아들였지. 그렇게 문화와 경제가 발전했어.

평화로운 날은 영원하지 않았어. 8세기 말부터 내부에서 문제가 생기기 시작했어. 귀족들이 권력 다툼을 벌인 거지. 이후 150년 동안 왕이 20명이나 바뀔 정도로 혼란스러웠어.

또 신라는 사회에 심한 갈등을 일으키는 '골품제'라는 특이한 신분제가 있었어. 신분에 따라 오를 수 있는 벼슬이 정해지고, 결혼도 같은 신분끼리 했거든. 재능이 뛰어나도 신분이 낮으면 높은 벼슬을 할 수 없었어. 청해진을 세우고 해적들을 모두 무찔러 서해와 남해의 바닷길을 완전히 장악한 장보고도 마찬가지였어. 장보고 덕분에 신라는 중국, 일본과 자유롭게 무역을 할 수 있었는데도 말이야. 결국 장보고는 반란을 일으키다가 목숨을 잃었지.

왕과 귀족들이 나라를 돌보지 않고 권력 다툼만 벌였고 더 많은 세금을 걷으려 하면서 백성은 점점 살기 어려웠어. 흉년도 자주 들면서, 견디지 못한 백성은 노비가 되거나 살던 곳을 떠나 전국을 떠돌았지. 일부는 도적이 되기도 했지. 그러면서 전국 곳곳에서 농민의 반란이 일어났어. 신라는 점점 내리막길을 걸으며 나라의 생명이 꺼져 가고 있었어.

19 후삼국 시대
다시 삼국 시대가 열리다

9세기, 신라는 전국 곳곳에 도적이 들끓고 농민이 반란을 일으키는 등 매우 혼란스러웠어. 중앙 정부의 힘이 지방에까지 미치지 못할 정도로 약했기 때문이야. 그러자 지방의 힘 있는 사람들이 도적을 막는다는 구실로 병사를 거느렸어. 그들은 백성에게 세금을 걷고 군사까지 모집하며 세력을 확대했지. 호족이라고 불리는 이들은 나라를 대신해 지방을 다스렸어.

호족 가운데 가장 세력이 컸던 사람으로 견훤이 있어. 견훤은 원래 신라군의 지휘관이었는데, 나라가 엉망이 되자 새로운 나라를 세워야겠다고 생각했어. 그래서 900년에 자기를 따르는 군사와 백성을 모아 지금의 전주인 완산주에 도읍을 정하고 옛 백제를 잇겠다며 후백제를 세웠어.

한편, 한반도 중부에서 가장 세력이 컸던 사람으로 궁예가 있어. 그는 신라 왕의 아들로 태어났지만 권력 다툼에 밀려 어릴 때 궁 밖으로 도망쳐야 했고, 이때 입은 상처로 애꾸눈이 되었다고 해. 그는 10여 세에 중이 되지만, 자라면서 신라를 무너뜨리고 새로운 세상을 만들겠다는 뜻을 품었어. 절에서 나온 그는 호족인 양길의 부하가 되었지. 자기를 따르는 사람들이 점차 늘어나자 궁예는 독립하여 세력을 키운 후에 양길을 꺾고 한반도 중부를 차지했어. 그리고 901년, 지금의 개성인 송악에 도읍을 정하고 후고구려를 세웠지. 한반도에는 후백제와 후고구려, 신라가 경쟁하는 후삼국 시대가 열린 거야.

> 20 고려의 후삼국 통일

고려 왕건, 후삼국을 통일하다

후백제와 후고구려는 영토를 넓혀 갔어. 후백제는 전라도와 충청도 땅을 차지했고, 후고구려는 경기도, 황해도, 충청도와 강원도 땅을 차지했어. 신라는 경상도 지역만 겨우 지키는 초라한 신세가 되었어. 후고구려가 가장 넓은 영토를 차지할 수 있었던 건, 왕건이라는 뛰어난 장군 덕분이지. 왕건은 송악에서 대대로 해상 무역으로 큰 부자가 된 호족 출신이었는데, 궁예의 세력이 커지자 그 밑으로 들어간 거야.

궁예는 나라 이름을 마진으로 바꿨다가 다시 태봉으로 바꿨어. 그 과정에서 그는 점점 변해 갔어. 사람 마음을 꿰뚫어 본다면서 신하들을 의심하고 바른말 하는 신하들을 죽였지. 심지어는 자기 아들과 부인까지 죽였어. 그러자 백성들이 궁예에게 등을 돌렸고 신하들도 그를 따르지 않았어. ==결국 918년, 왕건은 궁예를 몰아내고 새로운 나라 고려를 세우게 돼.==

한편 후백제 견훤은 나이가 들어 왕위를 넷째 아들에게 물려주려 했어. 이에 화가 난 장남 신검은 반란을 일으켜 스스로 왕이 되고 견훤을 가두었지. 견훤은 탈출하여 고려로 망명했어. 나라 꼴이 엉망이 된 거야. 신라도 후백제의 침략을 받아 왕이 죽는 등 나라의 운명이 다해 갔지. ==935년, 신라 경순왕은 고려 왕건에게 항복하고 말아. 그 다음 해에 고려 왕건이 후백제를 공격, 항복을 받아내면서 고려는 후삼국 시대를 끝내고 다시 통일을 이뤄 내지.==

21 광종의 왕권 강화
왕에게 힘을 준 노비안검법과 과거 제도

　왕건이 죽은 후에 고려는 혼란스러웠어. 왕건은 호족들과 좋은 관계를 맺으려 그 딸들과 자주 혼인하여 아내가 많았는데, 그 사이에서 많은 아들이 태어났기 때문이야. 호족들은 서로 자기 피가 섞인 왕자를 왕위에 앉히려 하면서 왕권이 불안했던 거지. 제4대 왕 광종은 왕권을 안정시키려 노력했어.
　"왕권을 강화하려면 호족의 힘을 빼앗아야 해."
　956년, 그는 먼저 노비안검법을 실시했어. 그때는 호족이 가난한 평민을 노비로 만드는 경우가 많았어. 광종은 호족의 노비들을 모두 조사하여 억울하게 노비가 된 사람을 다시 평민으로 풀어 주었지. 많은 노비가 다시 평민으로 풀려나자 호족의 힘은 약해질 수밖에 없었어. 호족에게 노비는 큰 재산이었고 마음대로 부릴 수 있는 병사였거든.
　그다음 광종은 우리 역사 최초로, 시험을 통해 관리를 뽑는 과거 제도를 도입했어. 신분이 좀 낮고 출신이 안 좋더라도 시험에 합격하면 관리가 될 수 있었어. 이전까지는 주로 힘 있는 호족이 추천한 사람이 관리가 되었고, 이렇게 관리가 된 사람은 호족의 눈치를 봤거든. 과거 제도를 통해 호족과 상관없이 왕에게 충성하는 사람을 관리로 뽑을 수 있었어. 노비안검법과 과거 제도는 왕권을 강화시켰고, 고려는 점차 안정을 찾아 갔어.

22 거란의 침입과 귀주 대첩

고려, 거란의 세 차례 침입을 모두 물리치다

고려가 세워질 무렵, 중국 동북쪽에는 거란이라는 나라가 생겼어. 거란은 발해를 멸망시키고 중국 북부와 만주 지역을 차지한 큰 나라로 성장했어. 반면에 고려는 북쪽으로 영토를 넓히려 했기에, 거란과 부딪힐 수밖에 없었지.

993년, 거란은 고려를 침공했어. 고려는 서희를 보내 거란 지휘관 소손녕을 만나게 했지.

"고려는 고구려를 계승했으니 옛 고구려 영토는 우리 것이오. 고려와 거란 사이의 땅을 여진족이 차지했으니 그들을 쫓아내고 서로 교류합시다."

거란군은 서희의 주장을 받아들이고 철수했어. 서희는 거란이 중국 송나라와 싸우고 있어 고려와 큰 전쟁을 할 수 없음을 알았던 거야.

그런데 거란은 송나라를 굴복시킨 후 다시 고려를 침입했어. 곧바로 개경으로 진격해 함락시켰지만, 개경은 텅 비어 있었어. 사방에서 고려군 공격이 계속되어 거란군은 많은 군사를 잃고 철수해야 했지. 1018년, 거란군 10만 명이 다시 고려를 침입했어. 거란군은 강감찬 장군이 지휘하는 고려군의 공격으로 많은 군사를 잃었지만, 그대로 개경으로 향했어. 하지만 개경의 방비는 철통같았어. 보급도 제대로 받지 못한 거란군은 철수할 수밖에 없었지. ==철수하는 길에 귀주에서 고려군의 공격을 받고 겨우 수천 명만 살아서 돌아가는 큰 패배를 당해. 이 싸움이 귀주 대첩이야.==

23) 서경 천도 운동과 묘청의 난

고려의 수도를 옮길까 말까?

1126년, 이자겸이라는 큰 권력을 가진 귀족이 왕의 자리를 넘보고 반란을 일으켰어. 이 반란으로 개경의 궁궐은 불타고 왕이 한동안 갇혀 지내기도 했지. 이자겸의 난은 진압되었지만, 고려 왕실의 체면은 땅에 떨어졌어. 개경 땅의 기운이 약해졌기 때문이라는 풍수지리설이 퍼졌지. 그러자 승려 묘청이 수도를 지금의 평양인 서경으로 옮겨야 한다는 서경 천도를 주장했어. 묘청은 서경 출신 신하들의 추천으로 왕의 고문으로 있던 사람이야.

"개경의 기운은 약해졌고 서경의 기운이 왕성해. 서경으로 수도를 옮기면 고려의 어려움도 해결될 거야."

많은 사람이 묘청의 주장에 따랐어. 특히 중국 금나라의 요구를 들어주기만 하는 당시 고려의 현실에 불만을 가진 사람들이 묘청을 따랐지. 그들은 서경이 고구려의 수도였기 때문에 서경으로 수도를 옮기고, 더 나아가 금나라를 쳐서 고구려의 옛 영토를 회복해야 한다고 주장했어.

김부식 등 개경 출신 귀족은 이를 강하게 반대했어. 송나라도 무너뜨린 금나라를 치는 건 무모하다고 주장했지. 결국 왕은 개경 세력의 손을 들어주고 서경 천도는 실패했어. 1135년, 묘청은 서경에서 스스로 나라를 세우고 반란을 일으켰지만 내부의 배신으로 목숨을 잃고 말아. 이 반란을 완전히 진압하는 데 1년이 넘는 시간이 걸렸어.

24 무신 정권 수립

무신들이
고려를 다스리다

    고려의 관리는 문신과 무신으로 구분돼. 문신은 학문 실력을 갖춰 정치나 행정 업무를 보고, 무신은 군사들을 지휘해 나라를 지키지. 그런데 무신은 차별 대우를 받았어. 가장 높은 지위인 재상에 오를 수 없고, 전쟁이 나면 군대의 최고 사령관도 문신이 맡았거든. 문신은 이런 무신을 얕잡아 보고 조롱하는 일도 종종 있었어. 무신들은 불만이 쌓여만 갔지.

    1170년, 고려의 왕 의종은 문신들과 함께 보현원이라는 곳으로 놀러 갔어. 의종은 젊은 문신들과 함께 경치 좋은 곳으로 놀러 다니길 좋아했거든. 왕을 지키는 무신들도 함께 갔지. 이곳에서 젊은 문신이 나이 많은 무신의 뺨을 때리며 모욕하는 일이 벌어졌어. 화가 난 무신들은 반란을 일으켰지. 사실 이 반란은 정중부와 이의방 등의 무신들이 계획했던 거야. ==무신들은 문신들을 모두 죽이고 개경으로 돌아와서 궁궐을 장악했어.== 무신들은 나라의 고위 관직을 차지하여 권력을 잡은 후에 의종을 내쫓고 새로운 왕을 앉혔지. 고려는 이제 왕이 허수아비에 불과했고 무신들의 세상이 된 거야.

    처음에는 무신들이 함께 모여 나랏일을 의논하고 결정했어. 그런데 얼마 지나지 않아 자기들끼리 치열한 권력 다툼을 벌였고, 백성을 돌보지 않은 채 횡포를 부리며 자기들 이익만 챙겼지. ==무신 정권이 이어진 100여 년 동안, 살기 힘들어진 농민과 천민들이 전국 곳곳에서 반란을 일으켰어.==

25 몽골과 전쟁
몽골군에 맞선 백성, 강화도에 숨은 정권

무신 정권 시절, 몽골에서는 칭기즈 칸이 여러 부족을 하나로 통일해 나라를 세웠고, 그 나라가 크게 성장하고 있었어. 1211년, 몽골군은 거란군을 치기 위해 고려 땅으로 들어왔지. 고려와 몽골은 힘을 합쳐 거란족을 물리치고 외교 관계를 맺었어. 몽골은 고려에게 공물을 요구했는데, 그 종류와 양이 점점 많아졌고 고려의 불만이 쌓여 갔지. 그러던 중에 고려의 공물을 챙겨 돌아가던 몽골 사신이 압록강 근처에서 살해되는 사건이 벌어졌어.

이를 빌미로 1231년, 몽골은 압록강을 넘어 귀주성을 공격했는데, 성을 함락하지 못했어. 고려가 만만치 않음을 안 몽골은 많은 양의 공물과 인질을 보내겠다는 고려의 약속을 받고 철수했지.

==무신 정권을 이끄는 최우는 몽골과 다시 싸울 것을 결심하고 수도를 강화도로 옮겼어.== 몽골군이 물살이 센 바다를 건너 강화도를 공격하기 힘들 거라고 판단했지. 1232년, 예상대로 몽골군이 다시 쳐들어왔어. 몽골군은 강화도를 포기한 채 전국을 휩쓸고 다니며 약탈했지. 백성들은 곳곳에서 몽골군에게 저항했어. 지금의 용인 땅인 처인성에서는 승려 김윤후가 이끄는 백성들이 몽골군과 싸웠는데, 김윤후는 화살을 쏘아 몽골군의 지휘관 살리타를 죽이기까지 했지. ==백성들의 저항에 지친 몽골군은 어쩔 수 없이 철수하고 말았어.==

26 삼별초의 저항

삼별초, 몽골군에 맞서 싸우다

몽골군은 다시 쳐들어와서 고려 땅을 휘젓고 다녔어. 고려 정부는 강화도에 숨어만 있었고, 백성만 고통을 겪어야 했지. 몽골군은 귀중한 문화재를 약탈하거나 불태웠고 수많은 백성을 죽이거나 포로로 잡아갔어. 농사를 제대로 못 지어 굶어 죽는 백성도 많았지.

전쟁이 길어지자 무신 정권에서 내분이 일어났어. 무신 정권의 권력자 최의가 다른 무신에게 살해된 거야. 그러자 왕과 문신들은 몽골에게 항복하여 전쟁을 끝내려고 했고, 무신들은 반대했어. 결국 1270년, 왕과 문신들은 무신 세력을 누르고 몽골에 항복했지. 이렇게 해서 무신 정권은 몰락했어.

그런데 고려 조정이 개경으로 돌아간 후에도 강화도에 남아 몽골군에 맞서 싸운 사람들이 있었어. 바로 삼별초야. 삼별초는 무신 정권의 특수 부대였어. 무신 정권의 가장 충실한 부하였으니 개경으로 돌아가면 처벌받으리라 생각한 거야. 이들은 아예 왕족 중 한 명을 자신들의 왕으로 세우고 반란을 일으켰지. 이들은 강화도를 빠져나와 남쪽으로 내려가서 진도에 자리를 잡고 남해안 일대를 장악했어. 고려와 몽골 연합군은 진도를 공격하여 삼별초를 이끈 배중손을 죽였어. 하지만 삼별초는 제주도로 옮겨 끝까지 저항했어. 1273년, 고려와 몽골 연합군은 제주도를 공격하여 삼별초의 저항을 완전히 진압했어.

27 공민왕의 개혁 정책

원나라를 버리고 개혁 정책을 펴다

나라 이름을 원나라로 바꾼 몽골은 계속 고려를 간섭했어. 고려 왕자들을 어릴 때부터 원나라에서 살게 했고, 원나라 공주와 결혼해야만 고려 왕으로 직접 임명했지. 또 제주와 서경 등 고려 땅 일부를 직접 지배했어. 금, 은, 인삼 등 공물도 가져갔지. 젊은 여자들도 데려가 시녀로 썼어. 그러면서 몽골 풍속이나 옷차림이 고려에 전해졌지. 이 시기에 원나라 세력을 등에 업고 권력을 잡은 사람들이 나타났는데, 이들을 권문세족이라고 해.

공민왕이 고려 왕이 되면서 상황이 달라졌어. 공민왕은 몽골 옷차림이나 풍속을 금지하고, 원나라를 믿고 횡포를 부리던 친원파 권문세족을 제거했지. 원나라가 고려 정치에 간섭하려 만든 관청도 없애고, 원나라가 직접 지배하던 고려 땅들도 공격하여 되찾았어. 이때 원나라는 많이 약해져서 다시 고려를 침공할 힘이 없었거든.

공민왕은 신돈이라는 승려에게 개혁 정책을 맡겼어. 신돈은 권문세족이 불법으로 차지한 땅과 노비를 찾아내어 원래 주인에게 돌려주거나 노비에서 풀어 주었어. 백성들은 환호했고 신돈을 따르기 시작했지. 하지만 신돈에게 지나치게 권력이 몰리자 많은 사람이 반발했어. 결국 공민왕도 신돈에게서 마음이 떠나 그를 역모죄로 처형했지. 그러던 1374년, 공민왕이 가까이 거느리는 신하에게 갑자기 살해당하면서 개혁 정책은 허무하게 끝나고 말아.

28 위화도 회군
위화도에서 군사를 돌려 권력을 잡다

14세기 중반부터 고려에는 홍건적과 왜구가 자주 쳐들어왔어. 그들은 고려 땅에 들어와서 백성들을 죽이고 재물을 빼앗아 갔지. 고려에는 최영과 이성계와 같은 뛰어난 장군들이 있었어. 이들은 홍건적과 왜구들을 물리치며 이름을 떨쳤고, 점차 새로운 정치 세력으로 커 갔어.

고려는 공민왕의 개혁이 실패하고 다시 권문세족의 횡포가 심해지면서 나라가 어지러워졌어. 이때 고려에는 새로운 유교 이념인 성리학을 공부하고 나라를 개혁하려는 사람들이 있었는데, 이들을 신진 사대부라고 불러. 이들 중에는 이성계와 힘을 합쳐 세상을 바꾸려는 사람들도 있었지.

그 무렵, 중국에선 원나라가 물러나고 명나라가 새로운 주인이 되었어. 명나라는 고려에게 많은 공물을 요구하고 공민왕이 되찾아 간 철령 북쪽 땅을 내놓으라고 했지. 고려 우왕과 최영은 요동을 쳐서 명나라의 기를 꺾으려 했어. 하지만 이성계는 생각이 달랐지.

'고려보다 큰 나라인 명나라와 전쟁하면 백성들만 큰 피해를 볼 거야.'

1388년, 우왕은 최영과 이성계에게 군사를 주고 요동을 공격하게 했어. 그런데 이성계 군대는 압록강에 있는 위화도에서 군대를 돌려 개경으로 돌아갔어. 이것을 위화도 회군이라고 해. 결국 반란에 성공한 이성계는 최영을 처형하고 우왕을 귀양 보냈지.

> 29 고려의 멸망과 조선의 건국

이성계, 새 나라 조선을 세우다

이성계는 권력을 잡은 후에 신진 사대부와 함께 여러 가지 개혁을 펼쳤어. 당시 권문세족들이 너무 넓은 땅을 차지해서 관리들에게 나눠 줄 땅도 없을 정도였어. 백성도 권문세족에게 많은 세금을 내며 힘든 삶을 살았지. 이성계와 신진 사대부는 권문세족의 땅을 빼앗아 원래 주인인 농민에게 돌려주거나 나라의 땅으로 만들었어. 관리에게 토지를 나눠 주어 그 땅에서 세금을 거두어 쓸 수 있는 권리를 주었지. 이것을 과전법이라고 해. 덕분에 백성은 세금 부담이 훨씬 줄었고, 텅텅 비었던 나라의 창고도 채울 수 있었어. 반면에 권문세족은 하루아침에 힘을 잃었지.

그런데 신진 사대부는 둘로 나뉘었어. ==정몽주를 중심으로 한 온건파는 고려 왕조를 유지하면서 그 안에서 개혁을 펼치려 했고, 정도전을 중심으로 한 급진파는 고려 왕조를 무너뜨려 나라의 뿌리부터 개혁하려 했어.== 이성계는 급진파와 손을 잡고 새로운 나라를 세우려 했지만, 온건파의 저항도 만만치 않았어. 그러자 이성계의 다섯째 아들 이방원이 정몽주를 살해하고 말아. 결국 1392년, 고려의 마지막 왕인 공양왕은 더 이상 고려 왕조를 지킬 수 없음을 알고 이성계에게 왕의 자리를 넘겨주지.

==고려는 멸망하고, 이성계는 새로운 나라를 세우게 된 거야.== 이성계는 새 나라의 이름을 조선이라 정하고 수도를 한양으로 옮겼어.

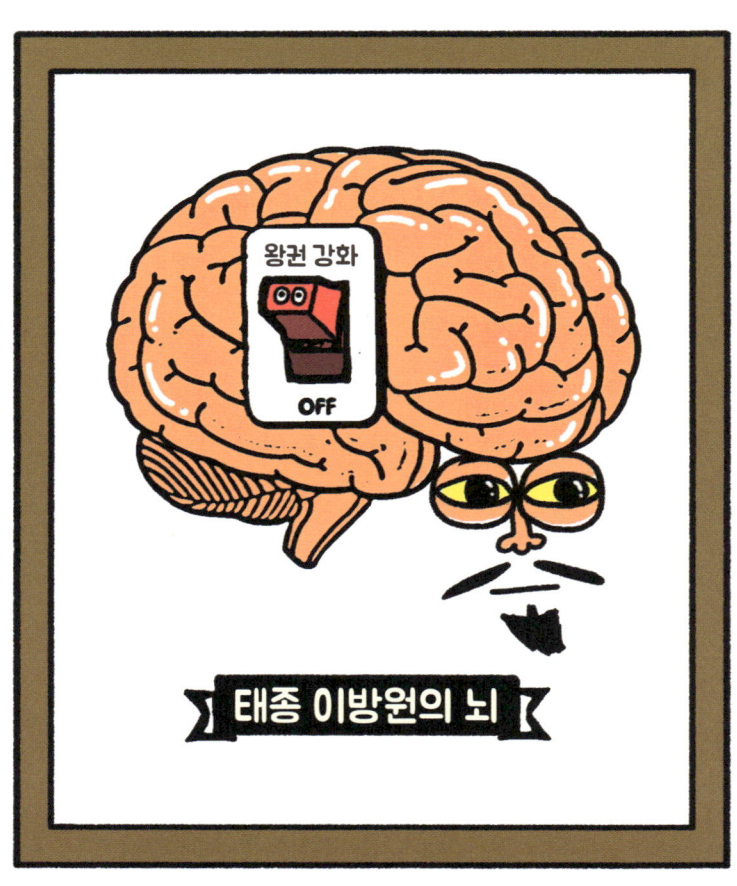

30 왕자의 난과 왕권 강화

태종, 왕권을 강화하고 나라의 기틀을 잡다

태조 이성계는 조선을 세우는 데 정도전을 중심으로 한 급진파의 큰 도움을 받았어. 이들을 개국 공신이라고 불러. 태조는 조선의 정치 제도를 마련하는 데도 이들의 힘을 빌렸지. 특히 정도전은 각종 정책을 세우고 새 수도 한성에 궁궐과 도시를 건설하는 데 큰 역할을 했어. 정도전은 조선을 능력 있는 재상이 국가의 중요한 일을 결정하고, 그 결정을 왕이 허가하는 방식으로 다스려야 한다고 생각했어.

태조의 다섯째 아들 이방원은 생각이 달랐어. 그는 강력한 왕이 나라를 다스려야 한다고 생각했어. 게다가 태조는 둘째 부인에게서 태어난 막내아들을 세자로 세웠는데, 첫째 부인의 아들인 이방원은 이를 받아들일 수 없었지. ==결국 1398년, 이방원은 태조가 아픈 틈을 타 정도전과 세자를 죽이고 권력을 잡았어.== 마음에 큰 상처를 입은 태조는 둘째 아들에게 왕의 자리를 물려주고 고향인 함흥으로 내려가. 1400년, 이방원은 허수아비 왕에 불과했던 둘째 형으로부터 왕의 자리를 물려받고 조선 제3대 왕인 태종이 돼.

==태종은 왕권을 안정시키려 노력했어.== 먼저 개인이 가진 병사를 모두 없애고, 전국을 8도로 나눈 후 각 도에 관찰사를 파견해 지방 수령을 감독했어. 각 행정 부서도 직접 왕에게 업무 보고를 하게 했지. 조선은 이렇게 왕권을 강화하고 제도를 정비하면서 나라의 기틀을 잡아 갔어.

31 세종의 한글 창제

우리 역사에서 가장 위대한 업적, 한글을 만든 세종

태종의 왕권 강화 덕분에 그 뒤를 이은 세종은 안정된 정치를 펼칠 수 있었어. ==덕분에 그는 우리 역사상 가장 많은 업적을 남긴 임금이 되었지.== 세종은 신분을 가리지 않고 능력 있는 사람들을 뽑아 일을 맡겼어. 노비 출신인 장영실에게 여러 가지 과학 도구를 만들게 했거든. 장영실은 간의, 혼천의 같은 천문 관측 도구와 정확한 시간을 알 수 있는 해시계 앙부일구와 물시계 자격루, 그리고 비의 양을 정확히 측정할 수 있는 측우기를 만들었어.

또 학자들이 모여 연구하는 기관인 집현전을 만들었어. 집현전은 다양한 분야의 책들을 편찬했는데, 고려 역사를 정리한 《고려사》, 전국 고을의 정보를 담은 《세종실록지리지》, 농사짓는 방법이 실린 《농사직설》 등이 있어.

==세종의 수많은 업적 중 최고는 역시 한글 창제야.== 세종은 백성들이 우리 문자가 없어 중국 한자를 빌려 쓰는 걸 안타까워했어.

"중국 한자는 우리말과 달라서 배우기가 어려울 뿐만 아니라 백성들의 목소리를 그대로 기록하기가 힘들어. 우리말에 맞는 우리 글자가 필요해."

세종은 집현전 학자들을 직접 이끌고 새로운 글자를 만들기 위해 노력했어. 많은 신하가 반대했지만, 세종은 오랜 연구 끝에 우리말을 정확히 표현할 수 있는 새로운 글자 훈민정음을 만들었지. 이 훈민정음은 오늘날 한글로 이어지고 있어.

32. 세조와 성종의 제도 정비
조선 최고의 법전이 탄생하다

세종에 이어 왕위에 오른 문종은 몸이 약해 왕이 된 지 2년 만에 죽고, 12세의 단종이 왕위에 올랐어. 어린 단종은 신하들에게 의존할 수밖에 없었고, 그러면서 신하들의 권력이 점점 커졌어. 세종의 둘째 아들인 수양대군은 이를 못마땅하게 생각했어. 결국 1453년, 수양대군은 군사를 일으켜 자기를 반대하는 신하들을 죽이고 모든 권력을 차지했어. 단종을 밀어내고 스스로 왕이 되었는데, 그 왕이 바로 세조야.

세조는 왕권을 다시 강화했어. 각 행정 부서가 직접 왕에게 보고하게 하는 등 왕권 강화를 위해 태종 때 시행되었다 폐지된 정책들을 다시 시행했어.

그리고 나라를 다스릴 때 기준이 되는 법전을 만들었지. 그전까지는 기본적인 법전이 없어서 법 집행이 들쭉날쭉 했거든. 세조는 그때까지 전해 내려오던 법들을 총정리하여 법전을 만들기 시작했고, 이 법전은 1485년, 세조의 손자인 성종 때 완성되어 《경국대전》이라는 이름으로 반포되었어. 《경국대전》에는 나라의 행정 조직과 역할, 그리고 여러 가지 제도에 대한 규칙이 실려 있고, 관리의 출퇴근 시간까지 정해 놓았어. 또 결혼식이나 장례식 예법, 결혼할 수 있는 나이 등 백성의 생활과 밀접한 법과 규칙들도 실려 있어. 이 법전을 보면 유교의 나라 조선에서 왕과 관리, 그리고 백성이 해야 할 일들을 자세히 알 수 있어.

33 사화의 발생

훈구 세력과
사림 세력이 충돌하다

세조는 자기가 왕이 되는데 공을 세운 신하를 공신으로 삼았어. 공신은 많은 토지와 재산을 받았고, 그 후손은 쉽게 관직에 올랐지. 공신과 그 후손을 훈구 세력이라 불러. 그런데 성종이 왕이 되자 왕에게 훈구 세력은 너무나 부담스러운 존재가 되었어. 그들의 권력이 너무 컸던 거야. 그래서 성종은 사림 세력을 신하로 많이 뽑았어. 사림은 조선 건국에 참여하지 않고 지방에서 학문 연구와 교육에 힘쓰던 사람들의 후손으로, 지방의 선비들이지.

성종 때는 훈구 세력과 사림이 조화를 이루며 나랏일을 운영했어. 그런데 연산군이 왕이 되면서 분위기가 바뀌었지. 훈구 세력은 세조를 비판했다는 이유로 사림을 공격했어. 결국 1498년, 연산군은 사림 30여 명을 죽이거나 쫓아내는 무오사화를 일으켜. 1504년에는 연산군이 자기 어머니의 죽음과 관련 있는 신하들을 처벌했는데, 이것을 갑자사화라고 해.

연산군은 제멋대로 나라를 운영하다 쫓겨나고, 중종이 새로운 왕이 되었어. 중종은 조광조와 사림 세력에게 개혁 정치를 맡겼지. 1519년, 훈구 세력은 그들을 조정에서 쫓아냈는데, 이것을 기묘사화라고 해. 명종 때인 1545년에는 명종의 외삼촌인 윤원형이 반대파를 몰아내는 사건이 일어나는데, 이것을 을사사화라고 해. 이렇게 4번의 사화를 걸치면서 많은 사림이 희생당했지만, 사림은 다시 지방으로 내려가 제자를 기르며 힘을 키웠어.

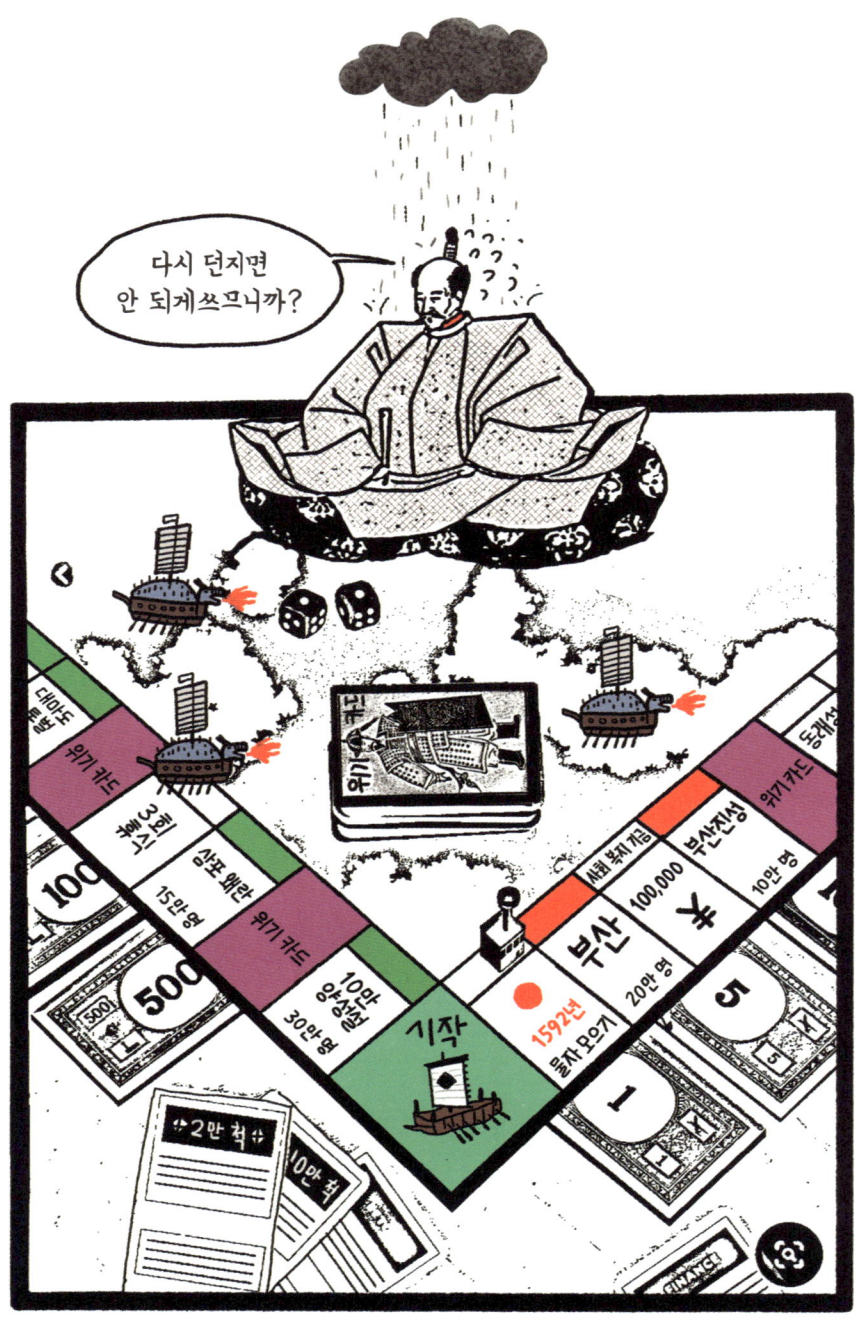

34 임진왜란의 시작

일본이 조선을 침략하다

16세기 말, 일본에서는 도요토미 히데요시가 여러 세력이 서로 전쟁을 벌이던 전국 시대를 끝내고 나라를 통일했어. 도요토미 히데요시는 전쟁을 통해 강력해진 군사력으로 조선을 거쳐 중국 명나라를 정복하려 했지. 1592년, 일본군 20여 만 명이 조선을 침공했어. 이들은 오랜 전쟁으로 훈련을 잘 받은 데다 조총이라는 새로운 무기로 무장되어 있었지. 반면에 조선은 오랫동안 전쟁을 겪지 않아서 일본처럼 철저한 전쟁 준비를 하지 못했어. 부산에 상륙한 일본군은 부산진성과 동래성을 빼앗고, 경주와 상주를 거쳐 한양으로 진격했지.

조선의 왕 선조는 신립 장군에게 군사를 주어 일본군을 막게 했어. 신립과 8,000여 명의 조선군은 충주 남한강 가에 있는 탄금대에서 일본군에 맞서 싸웠지만 크게 패했어. 이 소식을 들은 선조는 한양을 버리고 개성과 평양을 거쳐 의주로 피난을 갔지. 일본군은 전쟁 시작 20여 일 만에 한양을 점령하고, 계속해서 평안도와 함경도로 밀고 올라갔어.

이렇게 육지에서는 조선군이 일본군에게 계속 패했지만, 바다에서는 상황이 달랐어. 이순신이 이끄는 수군이 일본군의 함대를 계속 격파했거든. 특히 한산도 앞바다에서는 학익진이라는 전술로 일본의 배들을 포위하여 큰 승리를 거두었어. 이 승리를 한산도 대첩이라고 해.

35 임진왜란의 결말

군인과 백성이 힘을 합쳐 일본군을 물리치다

일본군은 이순신이 이끄는 조선 수군 때문에 바닷길이 막히자 크게 당황했어. 필요한 식량과 물자를 남해와 서해의 바닷길을 통해 운반하려 했거든. 결국 육지 깊숙이 진격한 일본군은 보급을 받을 수가 없었지. 게다가 조선 수군의 계속된 승리 소식은 백성들에게 큰 용기를 주었어. 전국 곳곳에서 의병이 일어나 일본군을 괴롭혔어. 일본군은 식량 문제를 해결하기 위해 곡창 지대인 전라도를 공격하려 했어. 그래서 전라도로 향하는 길목인 진주성을 공격했지. 하지만 김시민이 이끄는 관군과 곽재우가 이끄는 의병은 힘을 합쳐 일본군을 물리치고 진주성을 지켜 냈어.

명나라도 조선을 돕기 위해 군대를 보냈지. 모두 힘을 합쳐 일본군을 몰아내고 평양성을 되찾았어. 또 권율이 이끄는 군사들이 한양 근처의 행주산성에서 일본군을 크게 무찔렀어. 일본군은 육지에서도 밀리자 경상도 해안 지역으로 후퇴하여 성을 쌓고 방어만 했지. 일본과 조선은 전쟁을 끝내려는 협상을 시작했는데, 4년에 걸친 협상은 일본의 무리한 요구에 실패로 돌아갔어. 그러자 1597년, 다시 일본군이 쳐들어왔어. 그동안 조선은 전쟁 준비를 착실히 했기 때문에 일본군을 막아낼 수 있었지. 결국 일본군은 경상도 해안에만 머물러야 했어. 그사이 도요토미 히데요시가 병들어 죽으면서 일본군은 조선에서 모두 철수하고, 7년에 걸친 임진왜란은 끝이 나.

36. 병자호란과 삼전도의 굴욕

의리를 지키려다 굴욕적인 항복을 한 조선

조선은 임진왜란의 상처가 아물기도 전에 또 다른 위협에 맞서야 했어. 만주 지역에 후금이란 나라가 새로운 강자로 등장했거든. 후금은 여진족이 세운 나라인데, 세력이 커지면서 명나라에 맞서고 있었지. 선조의 뒤를 이어 왕이 된 광해군은 점점 큰 나라로 발전하는 후금을 적으로 만들고 싶지 않았어. 명나라 편에 서는 척했지만, 후금에 맞서지 않고 중립적인 자세를 취했지.

그런데 인조반정으로 광해군을 쫓아내고 새로 왕이 된 인조는 달랐어. ==의리를 지키겠다며 완전히 명나라 편에 선 거야. 그러자 후금은 1627년, 조선을 쳐들어왔어.== 강화도로 피난 간 인조는 후금과 화해할 길을 찾았지. 후금은 명나라와의 전쟁이 더 급했으므로 조선과 협상을 했고, 결국 조선은 후금과 형제 관계를 맺었어. 더욱 힘을 키운 후금은 나라 이름을 청으로 바꾸고 조선에게 신하 나라가 되라고 요구했어. 조선이 이 요구를 받아들이지 않자 1636년, 다시 조선을 쳐들어왔지. 병자호란이 일어난 거야. 청나라는 일주일도 안 돼 한양을 점령하고, 인조는 급하게 남한산성으로 피신했어. 청나라 군은 남한산성을 포위하고 공격했지.

==결국 인조는 1637년 1월, 삼전도에서 청나라 황제에게 3번 절하며 굴욕적인 항복을 했어.== 그 후 조선은 청나라의 신하 나라가 되어 매년 많은 조공을 바치고, 세자와 많은 백성이 청나라에 끌려가야 했어.

37 대동법 실시
전쟁에 지친 백성의 세금 부담을 줄이다

    조선은 임진왜란과 병자호란을 겪으면서 큰 피해를 입었어. 많은 사람이 죽거나 다치고 포로로 끌려갔지. 농사지을 땅도 황폐해졌고 나라 살림도 힘들어졌어. 조선은 이런 어려움을 극복하기 위해 노력했어. 임진왜란이 끝난 후, 광해군은 토지와 인구를 다시 조사했어. 세금을 매길 토지와 사람을 정확히 파악해야 세금을 제대로 거둘 수 있거든.

    대동법도 실시했어. 조선 시대에는 각 지방에서 나는 특산물을 공물로 나라에 바치는 세금 제도가 있었지. 지방 관리와 상인들은 공물을 대신 나라에 바치고 그 비용을 농민에게 거두곤 했는데, 그 비용이 만만치 않아 농민에게 큰 부담이 되었거든. 대동법은 이 문제를 해결하기 위해 특산물 대신 쌀을 세금으로 내도록 한 거야. 나라에서는 세금으로 받은 쌀을 팔아 필요한 물품을 구입하면 되거든. 대동법에서는 땅을 기준으로 세금을 매겼어. 그전에는 모든 집이 공물을 내야 했지만, 이제 땅을 가진 집만 세금을 내야 했어. 백성의 부담이 한결 가벼워졌고, 땅을 많이 가진 양반은 세금을 많이 내야 했지.

    대동법은 광해군 때 경기도에서 먼저 시행되었어. 처음부터 전국적으로 실시하지 못한 이유는 그 효과와 더 나은 방법 등에 대한 다양한 의견이 많아 논쟁을 벌였기 때문이야. 대동법이 전국적으로 실시되기까지 100여 년이나 걸렸다고 해.

38 붕당 정치와 탕평책

과열된 붕당 정치를 진정시키려는 탕평책

정치나 학문의 방향이 같은 사람들의 모임을 붕당이라고 하고, 신하들이 붕당으로 나뉘어 서로 경쟁하면서 나라를 이끄는 정치를 붕당 정치라고 해. 붕당 정치는 선조 때부터 시작되었어. 선조가 사림을 신하로 많이 뽑으면서 사림 세력이 다시 권력을 잡게 돼. 그런데 사림은 점차 동인과 서인으로 나뉘어 서로 대립했지. 그 후에 동인이 권력을 잡는데, 동인은 다시 남인과 북인으로 나뉘어. 임진왜란 때 북인은 의병을 많이 일으켰어. 덕분에 광해군이 왕이 된 후에는 북인이 권력을 잡았지. 하지만 서인과 남인은 함께 인조반정을 일으켜 광해군을 왕 자리에서 쫓아내고 권력을 잡아. 서인과 남인은 정치에 대한 생각이 달랐지만, 함께 나라를 이끌었어.

붕당의 경쟁이 점차 과열되고 갈등이 심해졌어. 상대의 생각을 받아들이지 못하고 무조건 무시하는 등의 문제가 일어났지. 숙종 때 갈등이 가장 심했는데, 권력을 잡은 붕당은 상대 붕당 사람을 조정에서 쫓아내고, 탄압하며 죽이기까지 했어. 영조 때부터는 이를 바로잡으려 했어. 영조와 그 뒤를 이은 정조는 붕당에 상관없이 능력 있는 사람을 골고루 신하로 뽑았지. 한 붕당이 권력을 독차지하지 못하게 한 거야. 이것을 탕평책이라고 해.

세도 정치에 나라가 무너지기 시작하다

1800년, 탕평책을 쓰며 나라를 잘 이끌던 정조가 갑자기 죽고, 그 뒤를 이어 11세의 어린 순조가 왕이 되었어. 어린 순조는 장인인 김조순에게 도움을 받아 나라를 이끌었지. 이를 계기로 점차 그의 집안인 안동 김씨에게 권력이 몰리게 되었어.

1834년, 순조가 죽은 후 다시 8세의 어린 헌종이 왕이 되었어. 처음에는 헌종의 할머니가 대신 나랏일을 보았지만, 헌종이 나이가 들어 직접 나랏일을 보면서 그의 외가인 풍양 조씨 가문이 힘을 키울 수 있었지. 이렇게 해서 안동 김씨 가문과 풍양 조씨 두 가문은 모든 권력을 차지하고 나라를 이끌어 나갔어. 이러한 정치를 세도 정치라고 해.

세도 정치는 헌종 다음 왕인 철종까지 이어졌어. 철종의 왕비도 안동 김씨 가문 출신이었거든. 세도 정치 시기에 왕은 힘이 없어 나약했고, 신하들은 세도 가문의 눈치만 살폈어. 세도 가문 사람들은 온갖 횡포를 부렸지. 그들은 과거 시험에서도 부정을 저질렀고, 심지어는 돈을 받고 관직을 팔기도 했어. 돈을 내고 관직에 오른 사람은 백성을 괴롭혀 재물을 모으기 바빴지. 게다가 이 시기에 여러 차례 흉년이 들고 전염병까지 돌았어. 살기 힘들어진 백성들은 스스로 노비가 되거나 떠돌이 생활을 하는 경우가 많았지. 심지어 반란을 일으키기도 했어.

40. 흥선 대원군의 집권

흥선 대원군, 개혁 정책을 폈지만

1863년, 철종이 자식이 없이 죽자 전혀 뜻밖에 인물인 12세의 어린 고종이 왕이 되었어. 고종은 왕실의 먼 친척인 이하응의 둘째 아들이야. 이하응은 흥선 대원군이라 불렸어. ==대원군은 왕의 친아버지이면서 왕이 아닌 사람을 부르는 말이야. 흥선 대원군은 왕이 어리므로 대신 나라를 다스렸지.== 세도 정치의 해로움을 잘 알았던 그는 세도 가문과 그 가문을 따랐던 신하들을 몰아내고 출신 가문 상관없이 신하들을 뽑았어. 또 전국에 2,000개가 넘는 서원을 수십 개만 남기고 모두 없앴어. 서원은 유학을 공부하는 곳인데, 세금도 전혀 내지 않고 온갖 특혜를 누렸거든. 심지어는 제사를 핑계로 백성의 재물을 빼앗고 괴롭혔지.

흥선 대원군은 양반이 특혜를 누리던 세금 제도도 바로잡아 신분 차별 없이 세금을 걷었어. 양반이 숨겨 놓은 땅을 찾아내 세금을 부과하기도 했지. 또 그동안 관리가 농민에게 곡식을 빌려주는 제도를 이용해 많은 이자를 받았는데, 이 제도의 책임자를 주민이 직접 뽑게 하여 관리의 횡포를 막았어. ==흥선 대원군은 백성의 큰 지지를 받았고, 왕실의 권위도 다시 높아졌어.==

흥선 대원군은 임진왜란 때 불탄 경복궁을 새로 지으면서 백성의 원망도 들었어. 공사 비용을 마련하기 위해 원래 화폐의 100배 금액인 당백전을 발행하여 물가가 급격히 올랐고, 농사철에도 백성을 강제로 동원했거든.

41. 천주교 박해와 쇄국 정책

나라 문을 굳게 닫고 서양 세력을 물리치다

18세기 후반, 조선에는 서양에서 유래한 천주교가 점점 퍼져 나갔어. 특히 신분이 낮고 가난한 사람들이 천주교를 많이 믿었지. 천주교는 모든 사람이 평등하고 누구든지 예수를 믿으면 천국에 갈 수 있다고 주장했거든. 나라에서는 천주교가 조상에 대한 제사를 지내지 않는 등 유교에서의 윤리를 저버리고 사회 질서를 어지럽힌다고 탄압하기 시작했어.

19세기 초부터 서양 군함과 상선들이 조선 바닷가에 자주 나타나 무역을 요구했어. 흥선 대원군은 나라 문을 닫고 서양 세력으로부터 조선을 지켜야 한다고 생각했지. 이를 쇄국 정책이라고 해. 1866년, 그는 천주교 신자들이 서양 세력과 결탁했다고 보고 프랑스인 신부 9명과 신도 8,000여 명을 처형했어. 이 소식을 들은 프랑스는 군함과 군사를 보내 강화도를 공격했지. 이 사건을 병인양요라고 해. 조선군은 프랑스군과 싸워 간신히 물리쳤지.

1871년에는 미국이 제너럴셔먼호 사건을 구실로 강화도를 침략했어. 제너럴셔먼호 사건은 1866년, 대동강에서 통상을 요구하며 약탈하고 조선 군관을 억류한 제너럴셔먼호를 평양 관군과 백성이 불태운 사건이야. 미국군은 강화도의 초지진과 덕진진을 점령하고 통상을 요구했어. 조선은 끝까지 맞서 싸우며 응하지 않았고, 결국 미국군은 철수했어. 이 사건을 신미양요라고 해.

42 강화도 조약

일본과 불평등한 조약을 맺고 나라 문을 열다

흥선 대원군은 약 10년간 조선을 다스리면서 끝까지 쇄국 정책을 고집했어. 병인양요와 신미양요 후에는 서양과 절대 교류하지 않겠다는 주장을 담은 척화비를 전국 각지에 세우기까지 했어. 그런데 고종이 성인이 되어 나라를 직접 다스리고 흥선 대원군이 물러나면서 분위기가 바뀌었지. 나라 문을 열고 서양 문물을 받아들여야 한다는 목소리가 점점 커졌거든.

1875년 9월, 강화 해협을 침범한 일본 군함 운요호에서 일본군 수십 명이 보트를 타고 강화도 초지진에 접근했어. 조선군이 일본군에게 경고 사격을 하자, 일본군은 대포를 쏘아 초지진 포대를 무너뜨리고, 영종도로 가서 주민을 죽이고 관청을 불태웠지. 이 사건을 운요호 사건이라고 해.

1876년, 일본은 다시 강화도에 군함을 보냈어. 운요호 사건의 책임을 조선에게 돌리고 통상 조약을 맺지 않으면 한양으로 쳐들어가겠다고 협박했지. 결국 조선은 1876년 2월에 일본과 강화도에서 조약을 맺어. 바로 강화도 조약인데, 조선에게 불리하고 일본에게 좋은 불평등 조약이었어. 일본은 부산을 비롯한 항구 2곳에서 세금을 내지 않고도 무역을 할 수 있고, 그 항구에서는 죄를 지어도 조선이 벌을 줄 수 없는 치외 법권을 인정받았지. 강화도 조약을 시작으로 조선은 나라 문을 열고 서양 여러 나라와 통상 조약을 맺어. 그러면서 서양 문물을 받아들이는 동시에 강대국의 침략을 받게 돼.

43 임오군란

구식 군대의 군인들이 반란을 일으키다

조선은 서양 문물을 받아들여 나라를 새롭게 바꾸려 했어. 이것을 개화 정책이라고 해. 외국에 사람을 보내 서양의 기술을 배워 오게 했어. 특히 서양의 군사 기술을 받아들이고, 서양식 군대인 별기군을 만들었지. 이들은 일본의 신식 무기를 들고 일본 교관에게 훈련받았으며, 월급이나 군복 등 모든 대우가 구식 군대보다 훨씬 좋았어. 반면에 구식 군대의 군인들은 1년 넘게 월급을 못 받을 정도였어. 불만이 쌓여 갔지.

1882년 7월, 구식 군대의 군인들은 밀린 월급으로 쌀을 받았어. 그런데 양이 부족했고 쌀에 겨와 모래까지 섞여 있었어. 불만이 폭발한 군인들은 반란을 일으켜 민씨 세력의 관리들을 살해했지. 당시는 고종의 왕비인 민씨 집안이 권력을 쥐고 있었거든. 그들은 별기군의 일본인 교관을 죽이고, 궁궐로 쳐들어가 왕비를 잡으려 했지만 실패했어. 이 사건을 임오군란이라고 해.

사태가 심각해지자 고종은 흥선 대원군에게 다시 권력을 주었어. 대원군은 민씨 세력을 몰아내고 개화 정책을 막았지. 그러자 민씨 세력은 청나라에 도움을 청했어. 청나라는 군대를 보내 흥선 대원군을 납치하고 구식 군대를 진압했어. 민씨 세력은 다시 권력을 잡았고, 청나라는 조선에 군대를 주둔시키고 정치에 간섭했지. 일본도 피해를 보았다며 일본 공사관을 지킨다는 핑계로 군인들을 주둔시켰어.

44 갑신정변
급진 개혁파가 정변을 일으키다

임오군란 이후 개화를 추진하던 신하들이 두 파로 나뉘었어. 한쪽은 청나라의 간섭을 받아들이고 조선의 제도와 사상을 지키면서 서양의 과학 기술만 받아들이자는 온건 개화파이고, ==다른 쪽은 서양의 법과 제도까지 받아들여 조선을 완전히 바꾸자는 급진 개화파야.== 김옥균과 박영효, 홍영식 등의 젊은 급진 개화파는 개화 정책을 밀어붙이려면 청나라를 따르는 민씨 세력을 몰아내야 한다고 생각했어. 마침 조선에 있던 청나라군 절반이 잠시 빠져나갔는데, 이 틈을 이용해서 일본의 도움을 받아 정권을 잡으려 했어.

1884년 12월 4일, 우정총국 개국을 축하하는 잔치가 열렸어. 잔치에는 민씨 세력의 고위 대신들이 참석했는데, ==급진 개화파는 우정총국 근처에 불을 지른 뒤, 혼란스러운 틈을 타 그들을 제거했어.== 그리고 궁궐로 가서 고종과 왕비를 다른 곳으로 옮기게 한 다음, 김옥균은 왕의 명령이라고 속여 새로운 정부 조직안과 청나라에 대한 사대와 신분 제도를 없애고 세금 제도를 개혁하는 등의 개혁안을 발표했어. 이 사건을 갑신정변이라고 해.

갑신정변은 3일 만에 실패로 끝나. 청나라군이 급진 개화파가 있는 궁궐을 공격한 거야. 원래 일본군이 궁궐 주변을 지켜주기로 했는데, 청나라군의 공격에 밀리자 후퇴하고 말아. 결국 민씨 세력은 다시 정권을 잡았고 김옥균, 박영효 등은 일본으로 망명해야 했어.

45 동학 농민 운동

탐관오리에 맞서 봉기를 일으킨 동학교도와 농민들

갑신정변 이후 청나라의 간섭은 심해졌어. 게다가 관리의 부정부패와 지방 탐관오리의 횡포가 심해서 백성의 삶은 더욱 힘들어졌지.

당시 전라도 고부에는 조병갑이라는 탐관오리가 있었어. 군수인 그는 죄 없는 백성을 옥에 가두고 돈을 받아야 풀어 주었으며, 저수지의 물 사용료를 강제로 받기도 했지. 이렇게 백성을 괴롭히자 동학 지도자인 전봉준은 농민들을 이끌고 고부 관아로 쳐들어갔어. 동학은 사람이 곧 하늘이라는 평등 사상을 주장하며 농민들에게 넓게 퍼진 민족 종교야. 농민들이 쳐들어오자 조병갑은 도망쳤고, 전봉준은 억울하게 갇힌 백성을 풀어 주고 창고를 열어 농민들에게 곡식을 나눠 주었지. 정부는 이 사건을 조사하려 관리를 파견했는데, 그 관리는 사건의 원인을 농민 탓으로만 돌리며 동학교도와 농민들을 탄압했어. ==이에 분노한 동학교도와 농민들은 봉기를 일으켰는데, 이것이 동학 농민 운동이야.==

동학 농민군은 전라도 곳곳을 장악하고 전주까지 점령했어. 당황한 정부는 청나라에게 도움을 청했지. 청나라군이 조선에 들어오자 일본도 군대를 조선으로 보냈어. 외국 군대가 들어오자 동학 농민군은 정부와 협상에 나섰어. ==결국 정부는 동학 농민군이 요구한 개혁안을 받아들이겠다고 약속하고, 동학 농민군은 해산했어.==

46. 청일 전쟁과 갑오개혁

갑오개혁으로
근대 국가의 기초를 세우다

동학 농민군은 해산했지만, 일본군은 그대로 조선에 남았어. 그들은 조선 정부에 나라를 새롭게 바꿔야 한다고 요구했지. 정부가 이를 거부하자 1894년, 일본군은 경복궁을 점령하고 조선 정부를 위협했어. 그리고 조선에 있는 청나라군을 기습 공격했지. 우리 땅에서 일본은 청나라와 전쟁을 벌인 거야. ==일본은 전쟁에서 승리했고, 청나라는 조선에서 완전히 물러나게 돼.==

한편 일본군이 경복궁을 점령했다는 소식이 퍼지자, 동학 농민군은 일본군을 몰아내겠다며 다시 봉기했어. 전봉준이 이끄는 동학 농민군은 공주 우금치에서 일본군과 조선 관군에 맞서 큰 전투를 벌여. 그런데 신식 무기로 무장한 일본군과 조선 관군을 당해 낼 수가 없었어. 동학 농민군은 크게 패하여 흩어지고 전봉준은 일본군에게 잡혔지. 이렇게 해서 동학 농민 운동은 실패하고 말아.

이제 일본은 조선 정치에 마음대로 간섭할 수 있었어. ==일본의 압력을 받은 조선 정부는 나라를 바꾸기 위한 개혁을 시작했는데, 이것을 갑오개혁이라고 해.== 갑오개혁은 갑신정변을 일으켰던 세력과 동학 농민군의 주장을 많이 받아들였어. 왕의 권한을 누르고 여성에 대한 차별을 없애며 신분제와 노비 제도를 폐지하고 법에 따라 백성의 생명과 재산을 보호하는 등 근대 국가의 기초를 세우려 했지.

47 을미사변과 아관 파천

왕비는 살해되고
왕은 피신하다

일본의 간섭이 심해지자 고종과 왕비인 명성 황후는 러시아를 이용해 일본의 간섭에서 벗어나려 했어. 고종과 명성 황후는 일본과 친한 신하들을 물리치고 러시아와 친한 신하들에게 힘을 주며, 러시아와 친하게 지냈어. 그러자 일본은 조선을 차지하는 데 방해가 되는 명성 황후를 없애기로 했지.

1895년, 일본군과 일본 낭인이 궁궐에 침입하여 명성 황후를 죽였어. 그리고 그 시신을 불태우는 끔찍한 짓을 저지른 거야. 이 사건을 을미사변이라고 해. 그 후 일본은 고종을 협박해 다시 일본과 친한 신하들이 권력을 쥐게 했어. 그들은 일본의 요구대로 개혁을 추진하여 조선을 서양 나라들처럼 바꾸려 했지. 음력 대신 양력을 쓰게 하고, 상투를 자르고 머리를 짧게 자르라는 단발령을 내렸어. 그러자 왕비의 처참한 죽음과 단발령에 분노한 전국의 유생과 농민들은 곳곳에서 의병을 일으켜 일본군과 싸웠지.

왕비까지 죽인 일본을 두려워한 고종은 이런 어수선한 틈을 타 1896년, 러시아 공사관으로 피신했어. 이 사건이 아관 파천이야. 고종은 다시 러시아와 친한 신하들에게 힘을 주었어. 그러면서 나라를 바꾸려는 개혁은 멈추게 돼. 고종이 이렇게 러시아 공사관에 머물며 나랏일을 제대로 보지 못하자, 주변 강대국들은 조선에서 자기 이익을 챙기기에 바빴지. 조선의 경제 상황은 엉망이 되었어.

48 　대한 제국

황제의 나라를 세우고
개혁을 펼치다

왕이 다른 나라 공사관에 있는 건 정말 창피한 일이야. 백성들은 고종이 빨리 궁궐로 돌아오기를 바랐어. 독립 협회의 만민 공동회에서는 고종이 돌아와야 한다는 주장이 계속되었지. 독립 협회는 서재필이 세운 정치 단체로, 누구나 참여해서 나랏일에 대해 자유롭게 이야기하는 만민 공동회를 열었어. 정부도 수많은 백성이 참여하는 만민 공동회를 무시할 수 없었지.

==고종은 1년 만에 궁궐로 돌아왔어. 돌아온 고종은 왕권을 다시 세우고 새로운 나라를 만들려 했어.== 그는 1897년 10월, 나라 이름을 대한 제국으로 바꾸고 황제의 자리에 올라. 이전까지는 중국에 황제가 있어 조선 왕이 황제가 될 수 없었어. 이제 중국 청나라가 힘을 쓸 수 없으니 고종은 제국의 황제가 되어 나라의 자주독립을 세계에 널리 알린 거야.

고종은 헌법이라고 할 수 있는 '대한국 국제'도 선포했어. 이 법은 나라를 다스리는 데 필요한 모든 권한을 황제에게 주었지. ==대한 제국은 옛 제도를 바탕으로 서양 문물을 받아들이는 개혁을 펼쳤어. 이것이 광무 개혁이야.== 땅 주인을 적은 문서를 만들어 법으로 보호하고, 세금도 제대로 걷게 했어. 근대적인 회사와 공장, 은행도 세워졌지. 교육에도 힘을 써 많은 학교를 세웠어. 그런데 이런 정책을 펴는 데 돈이 많이 들었어. 많은 세금을 걷고 외국에서 많은 돈을 빌렸지. 그러면서 외국의 간섭이 더욱 심해졌어.

49) 러일 전쟁과 을사늑약

대한 제국, 외교권을 빼앗기다

　일본은 대한 제국을 집어삼키려는 속셈을 본격적으로 드러냈어. 대한 제국에서 러시아를 몰아내기 위해 러일 전쟁을 일으켰지. 대한 제국은 어느 편에도 서지 않고 중립을 지키려 했지만, 일본은 대한 제국 정부를 압박하여 자기편에 서라며 한일 의정서를 맺게 했어. 의정서에 따라 일본은 우리 땅에 군대를 두고 필요한 곳을 마음대로 쓸 수 있었지. 더 나아가 일본은 대한 제국 정부에 사람을 파견하여 나라 살림과 외교를 간섭하기 시작했어.

　러일 전쟁은 일본의 승리로 끝났어. 이제 일본은 다른 나라의 눈치를 보지 않고 우리나라를 집어삼키기 시작했어. 1905년, 일본은 이토 히로부미를 대한 제국으로 보냈지. 그는 궁궐을 일본군으로 포위하고 고종에게 외교권을 포기하고 일본의 보호를 받는다는 조약에 서명하라고 협박했어. 고종은 당연히 거부했지. 이토 히로부미는 대한 제국의 대신들을 총칼로 위협하여 조약에 찬성하도록 했어. 결국 대신 8명 중 5명이 찬성했고, 일본은 조약이 통과되었다고 발표했지. 이 조약이 을사조약이야.

　그런데 강제로 맺어진 불법적인 조약이라고 해서 을사늑약이라고 불러. 또 조약에 찬성한 대신 5명을 을사오적이라고 부르지. 을사늑약으로 인해 대한 제국은 이제 일본의 허락 없이는 외교 활동을 할 수 없게 되었어. 일본은 통감부를 설치하여 정치와 경제를 하나하나 감독하기 시작했지.

1909

50. 항일 의병 운동과 한일 병합 조약

의병이
일본에 맞서 싸웠지만,
결국 식민지가 되다

을사늑약에 분노한 백성들은 전국에서 의병을 일으켰어. 신분과 직업에 상관없이 많은 사람이 의병이 되었지.

고종도 가만있지 않았어. 1907년, 을사늑약의 부당함을 알리기 위해 헤이그 만국 평화 회의에 3명의 특사를 비밀리에 보냈지. 하지만 이들은 일본 동맹국의 방해로 회의장에 들어가지도 못했어.

일본은 헤이그에 특사를 보냈다는 이유로 고종을 황제 자리에서 끌어내리고 아들 순종에게 자리를 물려주게 했어. 그리고 대한 제국 군대마저 해산했지. 의병은 더욱 거세게 일어났어. 해산한 대한 제국의 군인이 합류하면서 의병의 전투력과 조직력은 강해졌지. 전국의 의병들은 힘을 합쳐 한성으로 진격하려 했지만, 일본군의 강력한 공격에 막혀 실패하고 말아. 그 뒤에도 의병은 전국 곳곳에서 일본군에 맞서 싸웠지만, 일본군의 잔인한 토벌에 버틸 수가 없었어. 결국 그들은 조국을 떠나 만주와 연해주로 자리를 옮겨 일본군과 계속 싸웠지.

1909년, 의병장이었던 안중근이 만주 하얼빈 역에서 이토 히로부미를 암살하기도 했어. 백성들의 이러한 항일 의지에도 불구하고 대한 제국은 1910년 8월에 일본의 협박으로, 강제로 한일 병합 조약을 맺어. 이 조약으로 대한 제국은 일본에게 국권을 완전히 빼앗기고 일본의 식민지가 돼.

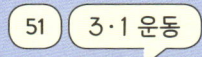

일본에 맞서 전 국민이 독립 만세를 외치다

일본은 우리 민족을 가혹하게 다스렸어. 일본 헌병이 경찰이 되어 한국인을 감시하고 통제했지. 이들은 정식 법 절차나 재판도 없이 한국인을 잡아 가두고 벌을 주었어. 한국인은 어떠한 단체도 만들 수 없고, 신문이나 잡지도 발행할 수도 없었지. 또 토지 조사 사업을 벌여 정해진 기간 안에 자기 땅을 신고하지 않으면 주인 없는 땅이라며 빼앗아 버렸지.

우리 민족은 더 참을 수가 없었어. 마침 1919년에 미국 대통령 윌슨이 파리 강화 회의에서 민족 자결주의를 주장했지.

"모든 민족은 자기 나라 문제를 스스로 결정할 권리가 있다!"

게다가 고종이 갑자기 세상을 떠났는데, 일본이 독살했다는 소문이 퍼졌어. 그러자 1919년 2월 8일, 일본에서 우리나라 유학생들이 독립 선언식을 열고, 독립 만세를 외쳤어. ==같은 해 3월 1일, 우리 민족 대표들이 서울 태화관에서 독립 선언식을 열었어. 학생들과 수많은 시민도 탑골 공원에 모여 독립 선언서를 읽고 태극기를 흔들며 독립 만세를 외쳤지.==

3·1 운동이라고 불리는 이 만세 운동은 전국으로 퍼졌어. 일본 경찰과 군대는 시위대에게 총을 쏘았고, 잡아 감옥에 가두거나 죽였지. 이런 탄압에도 불구하고 만세 운동은 4월 초까지 계속되었어. 3·1 운동은 우리 민족 최대의 독립운동으로, 독립을 이루려는 우리 민족의 간절함을 세계에 알린 거야.

52. 대한민국 임시 정부

독립의 의지를 하나로 모으다

3·1 운동은 우리 민족의 저력을 보여 준 사건이었어. 놀란 일본은 헌병을 경찰로 바꾸고 한국인도 단체를 만들고 신문과 책을 만들 수 있게 해 주는 등 조금 부드러워졌지. 3·1 운동의 영향은 나라 밖으로도 퍼져 나갔어. 만주, 연해주 등 우리 민족이 많이 사는 곳에서도 만세 운동이 일어났고, 민족 지도자들은 독립운동을 이끌 임시 정부를 세워야 한다고 의견을 모았지.

==1919년 4월 11일, 중국 상하이에 대한민국 임시 정부가 세워졌어.== 대한민국 임시 정부 임시 헌장에는 "모든 국민이 평등하고 주권이 국민에게 있는 민주 공화정이다"고 적혀 있어. 비록 임시 정부지만 수천 년 이어 온 군주제를 끊어 버리고 국민이 주인이 되는 정부를 최초로 세운 거야.

임시 정부는 독립운동을 이끌고 필요한 자금을 모았으며, 독립신문을 발행하여 독립운동 소식을 알렸어. 독립을 향한 우리 민족의 의지를 국제 사회에 끊임없이 밝히는 등의 외교 활동도 펼쳤지. 그런데 시간이 지나면서 임시 정부는 독립운동 방법을 둘러싼 의견 차이로 내부 분열이 일어났고, 일본의 방해는 점점 심해졌어. 그래서 한동안 어려움을 겪기도 했지만, 김구 등을 중심으로 조직을 가다듬어 독립운동을 계속해 나갔지. ==윤봉길, 이봉창 등의 수많은 독립 투사를 배출하고, 광복군을 조직하여 일본군에 맞서 싸우는 등 광복이 될 때까지 우리나라의 독립을 쟁취하기 위해 힘썼어.==

> 53 　봉오동 전투와 청산리 전투

독립군 역사상
가장 큰 승리, 청산리 전투

　3·1 운동 후, 평화로운 만세 운동으로는 나라를 되찾을 수 없음을 알았어. ==많은 사람이 무기를 들고 일본과 싸우기 위해 만주와 연해주로 가서 독립군 부대를 만들었지.== 당시 중국은 아주 혼란스러울 때라서 만주에 제대로 된 정부가 없었고, 그래서 독립군 부대가 활발하게 활동할 수 있었어. 그들은 압록강과 두만강을 건너 우리 땅으로 들어와서 일본군을 공격하고 다시 강을 건너 사라졌어. 일본군은 이들을 쫓아 국경을 넘어 만주까지 공격했지.

　1920년 6월, 일본군은 홍범도가 이끄는 독립군 부대를 뒤쫓아 만주 봉오동까지 왔어. 독립군은 일본군을 봉오동 골짜기 깊숙이까지 들어오게 한 후에, 일본군을 포위하여 공격했어. 이곳에서 독립군은 일본군을 크게 무찔렀지. 이 전투가 봉오동 전투야.

　같은 해 10월, 봉오동 전투에서 크게 패한 일본군은 규모가 훨씬 더 큰 부대를 만주로 보냈어. 그러자 홍범도 부대는 김좌진이 이끄는 독립군 부대와 힘을 합쳤지. 독립군들은 숲과 골짜기가 많은 청산리로 일본군을 끌어들였어. 이곳에서 독립군은 무기와 병력이 훨씬 강력한 일본군을 상대로 용감하게 싸워 크게 이겼지. 청산리 전투는 세계 곳곳에서 활동하는 우리나라 독립운동가들에게 널리 알려져서 큰 용기를 주었어. 청산리 전투는 독립군 역사에서 가장 유명한 전투야.

54 | 8·15 해방과 남북 분단

해방이 되었지만, 나라가 쪼개지다

일본은 욕심이 끝이 없었어. 1937년, 중국을 공격하여 중일전쟁을 일으켰고, 몇 년 뒤에는 동남아시아를 침략하고 미국 하와이까지 기습 공격하여 태평양 전쟁을 일으켰어. 일본은 전쟁에 우리나라의 물자와 사람들을 동원했지. 일본은 한국인을 쉽게 이용하기 위해 일본인처럼 만들려고 했어. 우리말과 글을 못 쓰게 하고, 이름도 일본식으로 바꾸게 했지. 또 곳곳에 일본 천황의 조상이나 일본에 공이 많은 사람을 신으로 모시는 신사를 세우고 절하게 했어. 일본은 우리 민족정신을 없애는 민족 말살 정책을 편 거야.

1945년 8월 15일, 일본은 전쟁에서 패하고 항복을 선언해. 우리나라는 일본의 지배에서 벗어나 광복을 맞이하지. 그런데 미군과 소련군이 일본군을 내쫓는다며 우리 땅으로 들어왔어. 이들은 38도선을 기준으로 북쪽은 소련군, 남쪽은 미군으로 나누어 주둔했지. 미국과 소련은 한반도에 자기와 같은 정치, 경제 체제를 세우려 노력했어. 하지만 유엔에서는 한반도에 총선거를 실시해 정부를 세우기로 결정했지. 그런데 소련과 38도선 북쪽의 권력을 잡은 김일성은 총선거를 반대했어. 이에 남쪽에서만이라도 단독 선거를 시행하자는 의견과 남북이 함께 통일 정부를 수립해야 한다는 의견으로 나뉘어 대립했지. 결국 1948년 5월에 38도선 남쪽에서만 총선거가 이루어졌고 같은 해 8월 15일, 남쪽에 대한민국 정부 수립이 정식으로 선포되었어.

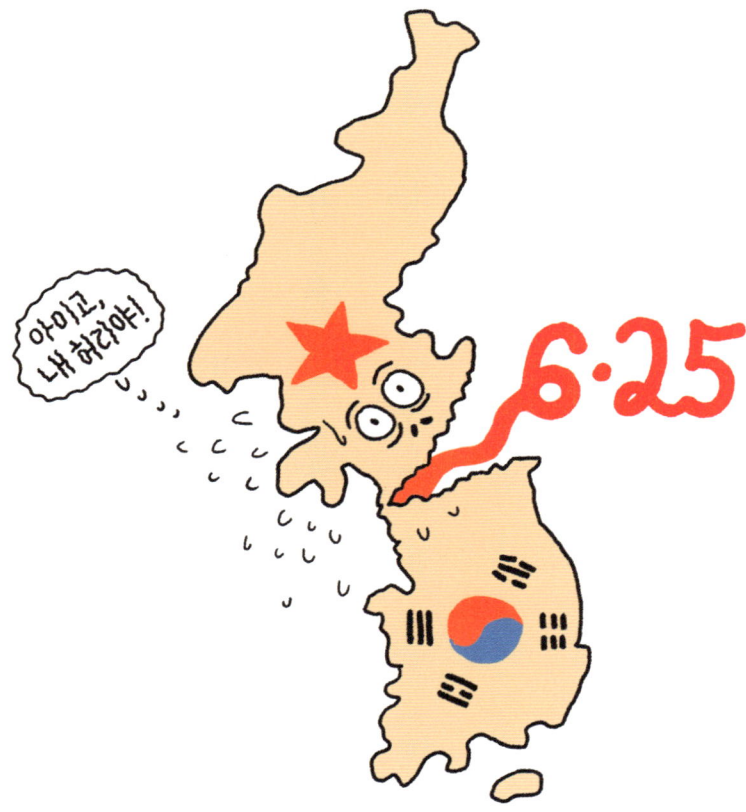

우리 민족에 큰 상처를 남긴 6·25 전쟁

1948년, 남쪽에 대한민국 정부가 들어서자 북쪽에서는 소련의 지지를 받는 김일성이 새로운 정부를 세웠어. 유엔은 남한 정부만 합법적인 정부로 인정했지. 남한과 북한은 서로를 인정하지 않고 서로를 비난했어. 그 와중에 북한은 소련과 중국의 도움을 받으며 몰래 전쟁 준비를 한 거야.

1950년 6월 25일 새벽, 북한은 38도선을 넘어 갑자기 남한을 침공했어. 탱크를 앞세운 북한군은 거침없이 남쪽으로 내려왔고, 3일 만에 서울을 점령했지. 북한군은 계속해서 남쪽으로 내려와 경상도를 제외한 남한의 모든 지역을 점령했고, 우리 국군은 낙동강 남쪽으로 후퇴해야 했어. 그러는 사이에 유엔은 남한에 군대를 보내왔어. 미국을 비롯한 16개 나라로 구성된 유엔군이 국군과 함께 북한군을 막았지. 낙동강에서 북한군을 잘 막아 낸 국군과 유엔군은 인천으로 상륙해서 북한군의 후방을 공격했고, 이 공격으로 남한에서 북한군을 몰아내는 데 성공했어. 여세를 몰아 38도선을 넘어 북쪽으로 밀고 올라갔지. 그러자 중국군이 북한을 돕기 위해 군대를 보냈어. 한국 전쟁은 이제 자본주의 세력과 공산주의 세력이 맞붙은 전쟁이 된 거야. 양측은 38도선 부근에서 서로 밀고 밀리는 치열한 전투를 벌여.

전쟁이 길어지면서 양측은 서로 지쳤고, 결국 1953년 7월 27일, 휴전을 하게 돼. 이 전쟁으로 우리 민족의 분단은 더욱 굳어졌어.

56 이승만 정부와 4·19 혁명

학생과 시민이 힘을 모아 독재 정권을 무너뜨리다

우리나라 첫 헌법에 따르면 대통령은 최대 2번까지 할 수 있어. 그런데 초대 대통령 이승만은 대통령 자리에서 내려오고 싶지 않았어. 그래서 헌법을 바꾸려 했지. 1954년 11월, 헌법을 바꾸려 국회의원들이 투표했는데, 1표가 부족했어. 이승만을 지지하는 자유당은 억지를 부려 헌법을 바꿨고, 이승만은 다시 대통령이 되었지. 재집권한 이승만 정부는 부정부패를 일삼았어.

1960년 3월, 이승만은 네 번째 대통령에 도전했어. 강력한 경쟁자인 야당 후보가 갑자기 죽으면서 당선이 확실해졌지. 문제는 부통령이었어. 자유당은 투표함 바꿔치기 등 온갖 선거 부정을 저지르며 부통령도 자기 당 후보를 당선시켰지. 그러자 전국에서 부정 선거에 항의하는 시위가 일어났고, 경찰은 최루탄을 쏘며 시위를 막았어. 그런데 마산에서 시위에 나섰다가 실종됐던 고등학생이 얼굴에 최루탄이 박혀 죽은 채 바다에서 떠올랐지. 이에 분노하여 시위는 더욱 거세게 일어났어.

4월 19일, 서울에서 수많은 시위대가 대통령이 있는 경무대로 향했어. 경찰은 시위대를 향해 총을 쏘았고, 많은 사람이 목숨을 잃었지. 사람들은 더욱 분노했고, 더 많은 사람이 시위에 참여했어. 결국 이승만은 대통령 자리에 물러나 미국 하와이로 떠났고, 자유당은 무너졌어. 학생과 시민의 힘으로 독재 정부를 무너뜨린 거야.

57. 5·16 군사 정변과 한강의 기적

군인들이 권력을 잡고 경제를 발전시키다

4·19 혁명으로 세워진 새 정부는 지난 정부의 부정부패와 부정 선거 책임자들을 제대로 처벌하지 못했어. 게다가 그동안 억눌렸던, 국민들의 민주주의를 위한 여러 요구를 들어줄 형편이 안 되었지. 국민들은 새로운 정부에 실망했어. 그러자 군인들이 권력을 잡으려고 기회를 엿보았어.

==1961년 5월 16일, 박정희가 이끄는 군인들이 서울 시내로 들어와서 군사 정변을 일으켰어.== 이들은 힘으로 정부를 무너뜨리고 국가 재건 회의를 만들었지. 정당과 사회단체들을 없애고 모든 권력을 손에 쥐었어. 한편으로는 부정부패와 부정 선거 책임자들을 잡아들이며 국민의 마음을 잡으려 노력했지. 1963년, 박정희는 군대를 나와 대통령 선거에 나섰어. 군사 정변을 일으켰던 군인들도 군대를 나와 공화당이라는 정당을 만들었지. 이렇게 해서 박정희는 새로운 대통령이 돼.

==박정희 정부는 경제 개발을 적극적으로 추진했어.== 처음에는 경공업 제품을 수출하여 경제를 발전시켰어. 그다음은 중공업을 발전시키려 했지. 경제 개발에 필요한 돈으로 일본으로부터 받은 식민지 지배 배상금, 베트남 전쟁 군대 파병과 독일에 보낸 광부와 간호사들이 벌어들인 외화를 이용했어. 결국 중화학 공업도 발전하여 수출이 많이 늘었고 경제도 크게 발전했어. 이렇게 우리나라 경제가 발전하자 외국에서는 한강의 기적이라고 불렀지.

58. 경제 발전의 명암과 유신 헌법

경제는 성장했지만 독재 정치가 심해지다

　박정희 정부의 경제 개발 정책으로 경제가 성장하자 그동안 가난하게만 살아왔던 우리나라 사람들은 박정희를 지지했어. 그런데 이런 경제 발전 뒤에는 여러 가지 문제가 발생했지. 정부가 기업 입장을 우선시하다 보니 노동자는 낮은 임금을 받으며 힘든 노동을 해야 했고, 공업 중심의 경제 발전으로 인해 도시와 농촌의 소득 차이가 크게 벌어졌어. 수출을 잘하는 대기업은 많은 혜택을 받고 크게 성장했지만, 기업이 정부 혜택을 받으려 정치 자금이나 뇌물을 주는 부정부패가 심해졌어.

　박정희 정부는 이런 문제점에 대한 비판을 받아들이지 않았어. 게다가 박정희는 2번의 대통령을 지낸 후에도 자리에서 내려오지 않으려 했어. 이승만처럼 헌법을 바꿔 다시 대통령이 되었지. 국민들이 등을 돌리기 시작했어. 박정희는 헌법을 다시 바꿔 원할 때까지 대통령으로 있으면서 마음대로 나라를 다스리려 했어. 바뀐 헌법을 유신 헌법이라고 해. 박정희 정부는 이제 노골적으로 정부에 반대하는 사람들을 감옥에 가두고 탄압하며 독재 정치를 폈지. 그럴수록 국민의 마음은 박정희 정부에서 점점 떠나갔어.

　1979년 10월, 부산과 마산에서 큰 시위가 벌어지고 정부에 대한 민심이 매우 안 좋았어. 그 와중에 박정희는 자기 부하가 쏜 총에 맞아 세상을 떠나고 말아. 이렇게 해서 박정희 정부의 독재가 막을 내려.

59 신군부의 등장과 5·18 민주화 운동

군인들이 다시 나라를 다스리다

　박정희의 독재가 무너졌지만, 민주주의는 찾아오지 않았어. 1979년 12월 12일, 전두환이 이끄는 군인들이 다시 군사 정변을 일으키고 권력을 잡았거든. 이들을 신군부라고 불러.

　1980년, 봄이 되자 대학생과 시민들이 신군부는 물러가고 헌법을 바꾸라고 시위를 벌였어. 5월 17일, 신군부는 전국에 비상 계엄령을 내리고 민주화 운동을 탄압했어. 모든 정치 활동은 금지됐고, 대학교도 문을 닫아 학생들이 못 모였지. 시위를 이끌던 사람들은 잡혀갔고, 언론 보도도 막혔어.

　하지만 5월 18일, 광주에서 대학생과 시민들이 신군부에 반대하는 시위를 벌였어. 군인들은 시위대를 때리며 무자비하게 진압했지. 이에 분노한 시민들이 더 많이 참여하여 시위대 규모는 더욱 커졌어. 군인들은 시위대를 향해 총을 쏘았어. 수많은 사람이 목숨을 잃었지. 학생과 시민들은 군인들에게 대항하기 위해 여기저기서 총을 구해 왔어. 신군부 세력은 이들을 무자비하게 진압했지. 이 사건을 5·18 민주화 운동이라고 해. 당시에는 신군부가 언론 보도를 막아서 이 사건이 국민에게 제대로 알려지지 않았어.

　신군부 세력은 대통령을 7년 동안 1번만 할 수 있도록 헌법을 바꿨어. 하지만 여전히 국민이 대통령을 직접 뽑을 수 없었지. 1981년, 전두환은 대통령 선거인단에 의한 간접 선거로 대통령이 되었어.

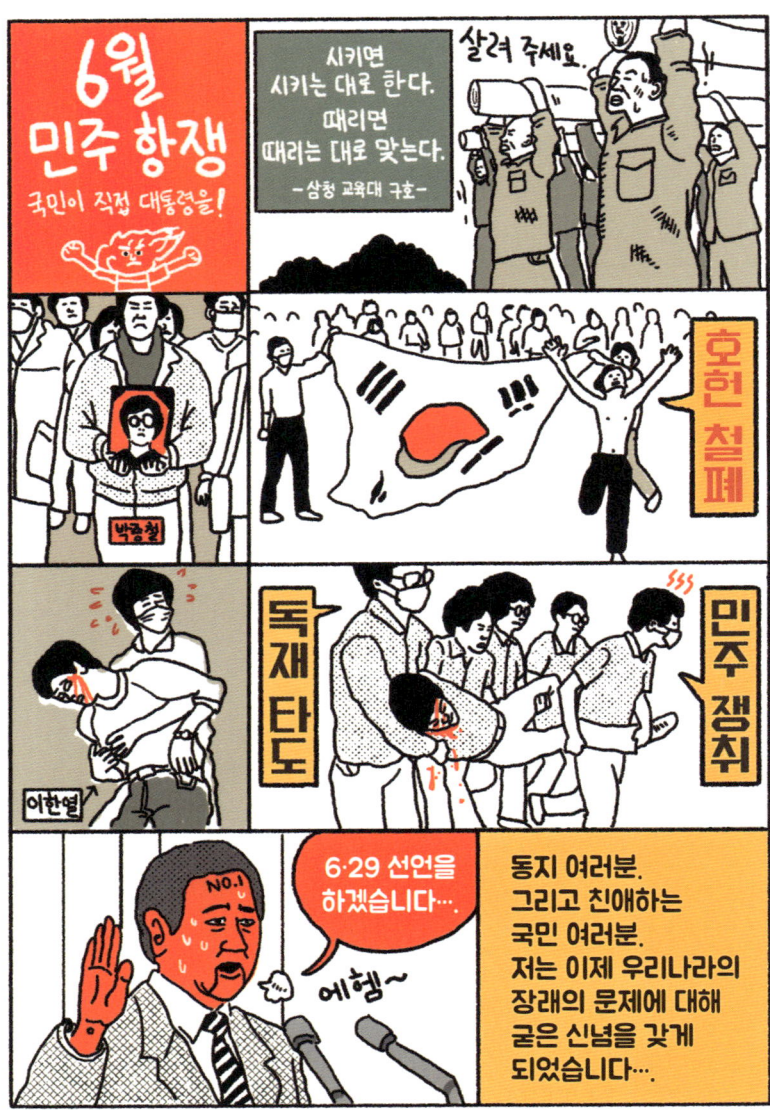

60. 6월 민주 항쟁

국민의 힘으로 민주주의를 이루다

전두환 정부는 사회를 정화하겠다며 부패한 공무원을 쫓아내고 깡패들을 찾아내 삼청 교육대로 보냈어. 다 국민의 마음을 얻으려는 속셈이지. 하지만 여전히 언론은 자유롭게 보도할 수 없었고, 반대 세력은 제대로 활동할 수 없었어. 대학교에는 경찰이 배치되어 학생을 감시했고, 노동자는 제 목소리를 낼 수 없었지. 대학생들은 1980년 광주에서 일어난 일을 국민에게 알리려 노력했어. 정부는 그 학생들을 탄압했지만, 저항은 점점 거셌지.

==1986년부터는 다음 해 대통령 선거를 앞두고 야당과 시민, 학생들이 헌법을 고쳐 국민이 직접 대통령을 뽑아야 한다며 시위를 벌였어.== 정부는 그 시위를 강하게 탄압했어. 그러던 중 1987년 1월, 서울대 학생 박종철이 경찰의 고문으로 목숨을 잃는 사건이 일어났어. 분노한 학생과 시민들은 거리로 나왔지. 게다가 연세대 학생 이한열이 최루탄 파편에 맞아 목숨을 잃었어. 그해 6월, 전국에서 수많은 사람이 시위를 벌였지. 이들은 국민이 직접 대통령을 뽑아야 한다고 목소리를 높였어. 이 사건을 6월 민주 항쟁이라고 해.

==결국 6월 29일, 여당의 대통령 후보 노태우는 국민의 요구를 받아들이겠다고 선언했어.== 그 후 헌법은 민주주의에 맞게 크게 바뀌었지. 대통령은 5년 동안 1번만 할 수 있고 국민이 직접 뽑게 되었어. 국민의 힘으로 민주주의를 이룬 거야.

에필로그

우리가 겪었던 옛날 일을 기억에 떠올리려면 뭘 해야 할까?

우선 그 당시의 일기 또는 사진이나 영상 등을 펼쳐 보겠지. 우리 조상들이 겪었던 옛날 일을 알려면 우리 역사를 살펴봐야 해. 역사는 과거에 있었던 사실을 기록한 거야.

우리는 일기를 쓸 때 그날 있었던 일 중에서 중요하다고 생각하거나 꼭 쓰고 싶은 일을 골라 적어. 사진이나 영상도 마찬가지야. ==우리 역사도 조상들이 살아오면서 있었던 일을 모두 기록한 게 아니야. 그중 의미 있고 중요한 것들을 기록하지.==

우리는 일기에 행복하거나 섭섭했던 느낌, 더 잘하지 못한 걸 후회하는 마음을 담아. 역사를 기록하는 사람도 사실을 기록하면서 자기 생각을 덧붙일 수 있어. 중요하다고 생각한 사실을 강조하고 중요하지 않다고 생각한 사실을 축소해. 어떤 사실에 대해 주로 좋은 면이나 나쁜 면을 기록하지.

==역사는 과거에 일어났던 사실 그 자체인 '과거의 사실'을 의미하기도 하지만, 과거에 일어났던 사실에 대한 기록을 뜻하는 '기록된 사실'을 의미하기도 해.== 예를 들어 과거의 사실은 과거에 어떤 왕이 있었고 그 왕이 전쟁을 벌여 영토를 얼마만큼 넓혔다는 사실이야. 누구나 알고 인정하는 내용이지. 반면에 기록된 사실은 그 왕이 전쟁을 벌이면서 많은 백성을 힘들게 하여 반란

이 안 일어난 게 다행이라는 내용이야.

그런데 왜 우리는 우리 역사를 알아야 할까?

세계적인 역사학자 에드워드 카는 '역사가 과거와 현재의 끊임없는 대화'라고 말했어. 과거와 현재는 서로 별개로 있는 게 아니라 서로 연결되어 있고, 현재 우리의 모습은 우리의 과거, 즉 역사를 통해서 만들어졌기 때문이야. 그래서 과거의 사건들을 당시 사람들 입장에서 생각해 보고 그들이 그 사건에 어떻게 대처했는지 살펴보면, 우리가 앞으로 어떻게 살아야 하는지 배울 수 있어.

이 책은 우리 역사를 60가지 장면으로 소개했어. 수천 년 우리 역사에는 수많은 사건이 있었어. 그걸 단 60가지로 줄여 소개한다는 건 쉽지 않은 일이지. 그런데 하나의 중요한 사건은 그냥 일어나는 게 아니야. 먼저 있었던 사건의 영향을 받아 일어나고, 뒤에 일어날 사건의 원인이 되지. 그래서 어떤 사건을 설명하려면 앞과 뒤의 연결된 사건까지 소개해야 해. 그러다 보면 우리나라 역사 속 가장 중요한 사건들을 어느 정도 알 수 있어.

이 책을 통해 많은 어린이가 역사 속에서 수많은 어려움을 극복한 우리 조상들의 지혜를 배워 앞으로 살아가는 데 큰 도움이 되었으면 좋겠어.

참고 도서

박은봉 지음, 《한국사 100장면》, 실천문학사, 1997

백유선, 신부식, 임태경 지음, 《청소년을 위한 한국사》, 두리, 2001

한국교원대학교 역사교육과 지음, 《아틀라스 한국사》, 사계절, 2004

전지은 지음, 《대한민국 어린이라면 꼭 알아야 할 우리 역사 100대 사건》, 예림당, 2005

박종권, 박형오, 최소옥 지음, 《개념 잡는 초등한국사 사전》, 주니어김영사, 2008

이진경 지음, 《초등학생을 위한 한국사 사건 사전》, 시공주니어, 2019

사회평론 역사연구소 지음, 《용선생 교과서 한국사》, 사회평론, 2020

강석화, 김정인, 임기환 지음, 《한국사 읽는 어린이(전5권)》, 책 읽는 곰, 2021

한 컷이라는 콘셉트의 힘

① 한 컷 쏙 과학사
글 윤상석 | 그림 박정섭 | 감수 정인경

② 한 컷 쏙 수학사
글 윤상석 | 그림 박정섭 | 감수 이창희

③ 한 컷 쏙 한국사
글 윤상석 | 그림 박정섭 | 감수 기경량

④ 한 컷 쏙 세계사
글 윤상석 | 그림 박정섭 | 감수 김경현

⑤ 한 컷 쏙 생활사
글 윤상석 | 그림 박정섭 | 감수 정연식

⑥ 한 컷 쏙 발명·발견사
글 윤상석 | 그림 박정섭 | 감수 이상원

⑦ 한 컷 쏙 경제사 (근간)

⑧ 한 컷 쏙 예술사 (근간)